FRANÇOISE CLAUSTRES

POUR TOUT SAVOIR OU PRESQUE

LA MYTHOLOGIE GRÉCO-ROMAINE

Les dieux, déesses, héros et créatures

mll

SOMMAIRE

CHAPITRE 6
LES PERSONNAGES SECONDAIRES LES PLUS IMPORTANTS : DIVINITÉS, HÉROS, MORTELS, MONSTRES…

CHAPITRE 7
LA GUERRE DE TROIE OU TOUT LE MONDE EN SCÈNE !

INTRODUCTION

Avant de partir vers la lointaine Grèce primitive, mieux vaut se procurer un guide pour en apprendre un peu plus sur la destination et le mode de vie de l'époque.

Voici quelques informations utiles qui vous permettront de mieux apprécier le voyage.

GÉNÉALOGIE DES MONSTRES & TITANS

CHAOS

- Erèbe
- Nyx

Erèbe & Nyx :

- Ether
- Héméra
- Charon

Nyx :

- Thanatos
- Hypnos
- Morphée
- les Hespérides
- les Moires
- Némésis
- Éris

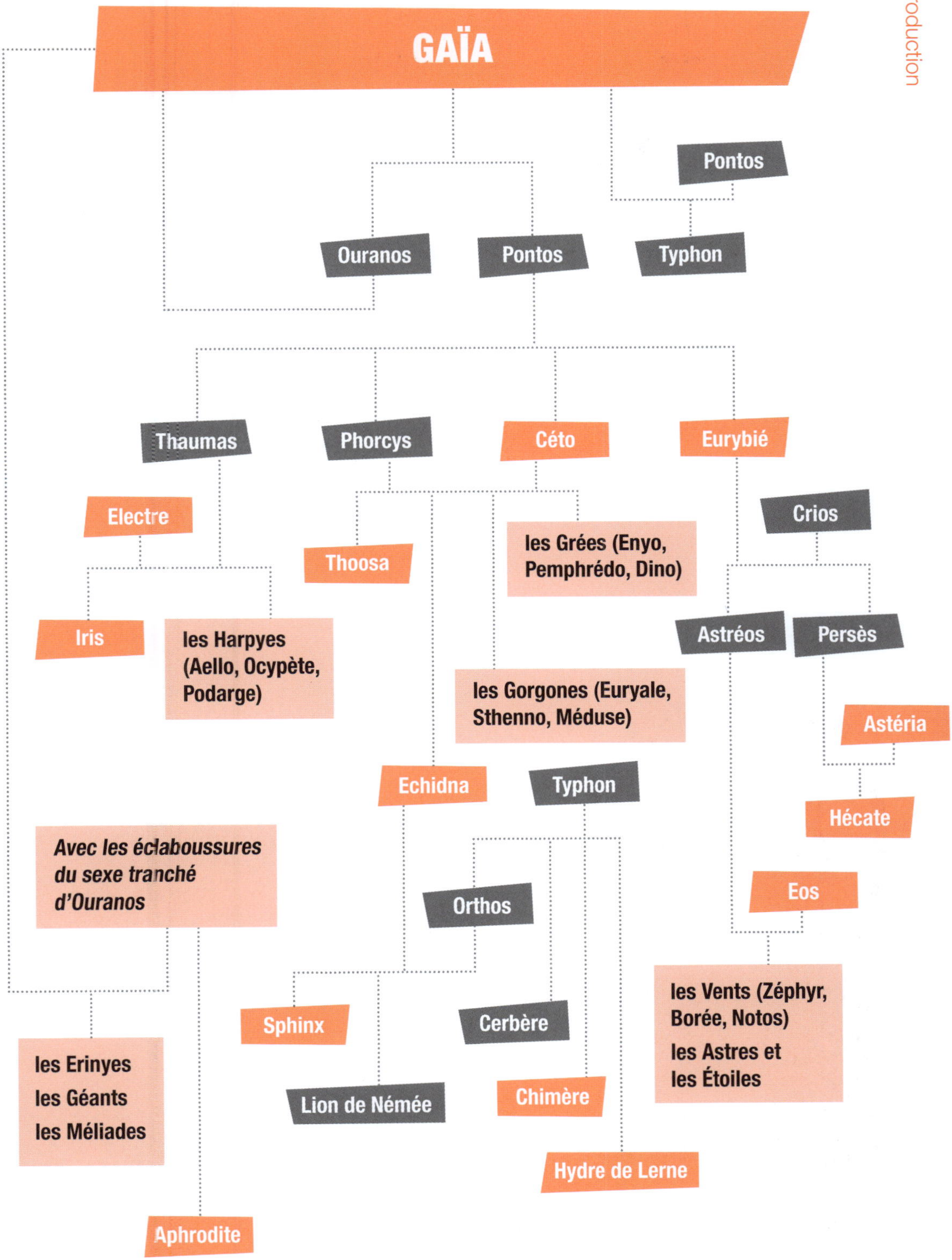
GAÏA
Pontos
Ouranos
Pontos
Typhon
Thaumas
Phorcys
Céto
Eurybié
Electre
Crios
Thoosa
les Grées (Enyo, Pemphrédo, Dino)
Iris
les Harpyes (Aello, Ocypète, Podarge)
Astréos
Persès
les Gorgones (Euryale, Sthenno, Méduse)
Astéria
Echidna
Typhon
Hécate
Avec les éclaboussures du sexe tranché d'Ouranos
Orthos
Eos
Sphinx
Cerbère
les Vents (Zéphyr, Borée, Notos)
les Astres et les Étoiles
les Erinyes
les Géants
les Méliades
Lion de Némée
Chimère
Hydre de Lerne
Aphrodite

GÉNÉALOGIE DES DIEUX & DÉESSES

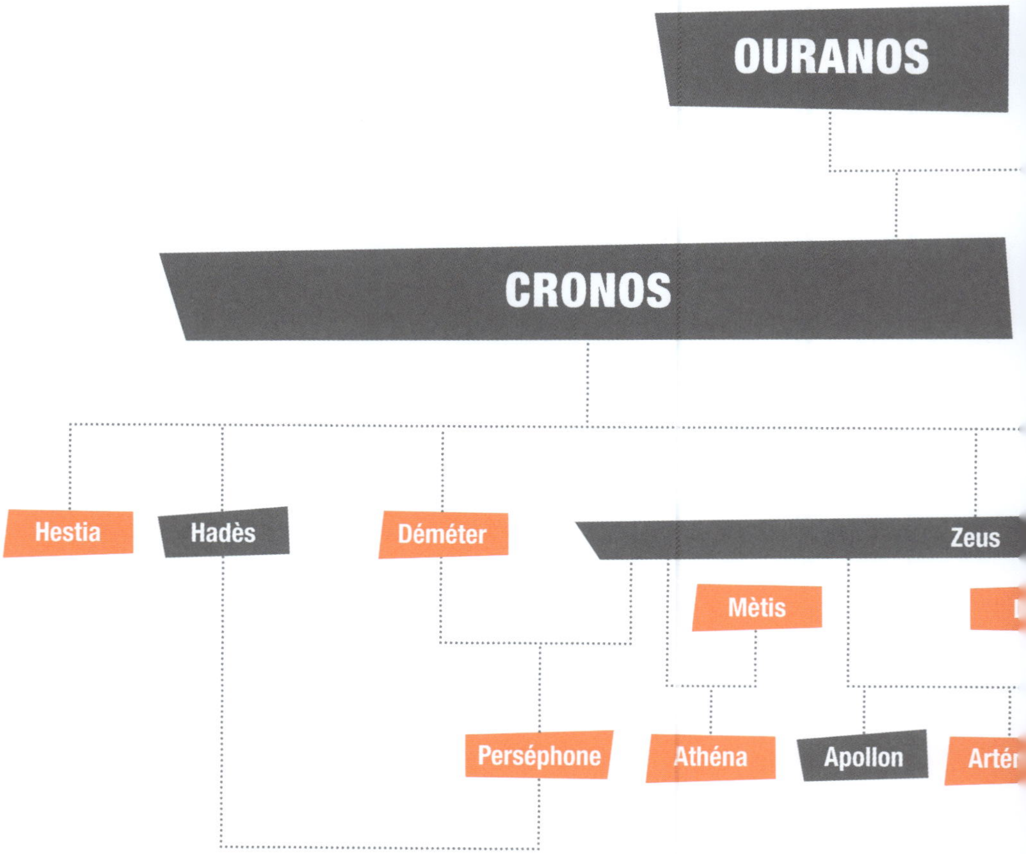

La généalogie des enfants de Zeus n'est pas complète. Ici, apparaissent seulement ses enfants divins, et non les demi-dieux et héros.

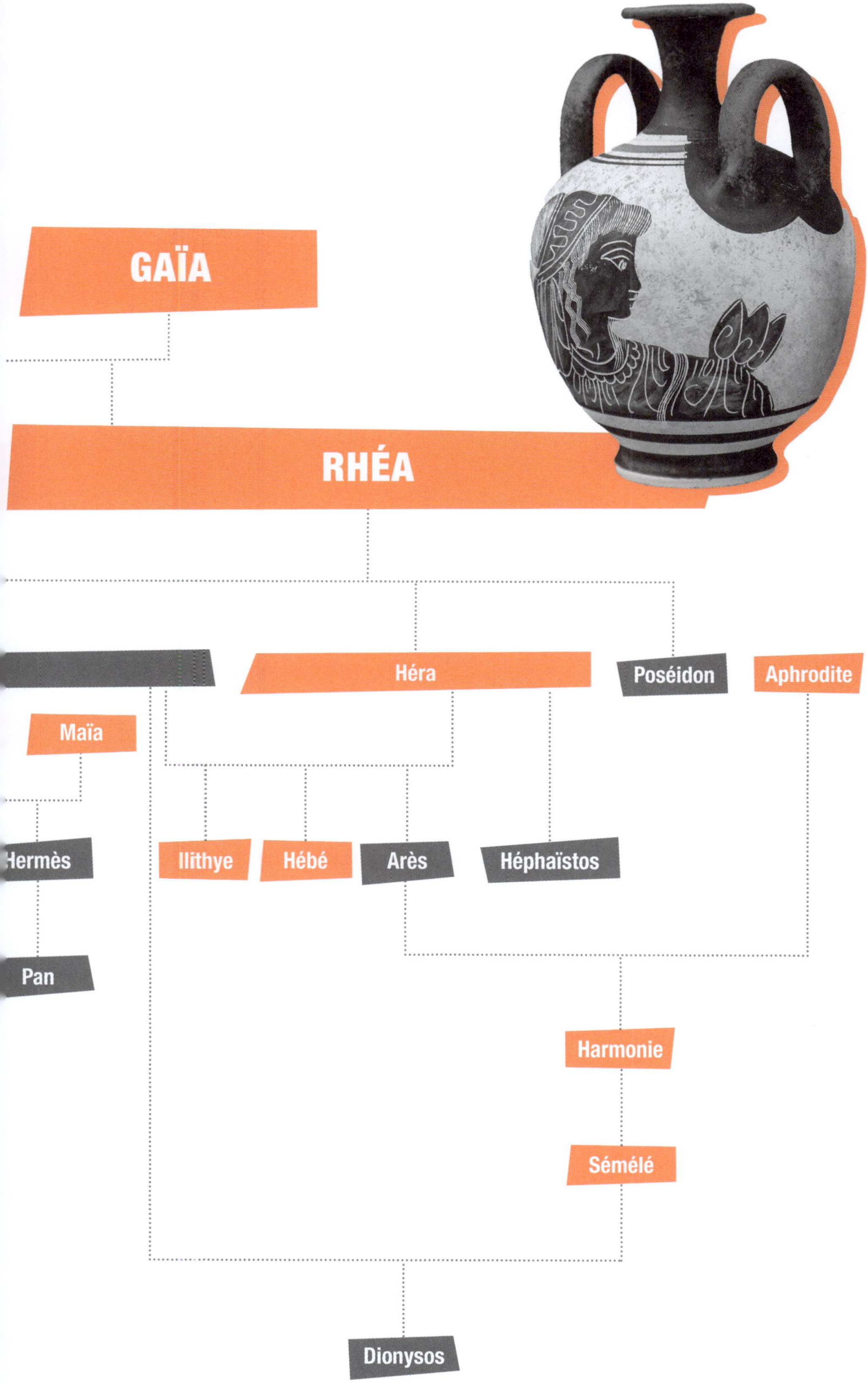
GAÏA
RHÉA
Héra
Poséidon
Aphrodite
Maïa
Hermès
Ilithye
Hébé
Arès
Héphaïstos
Pan
Harmonie
Sémélé
Dionysos

GÉNÉALOGIE DES HÉROS & HÉROÏNES

JASON

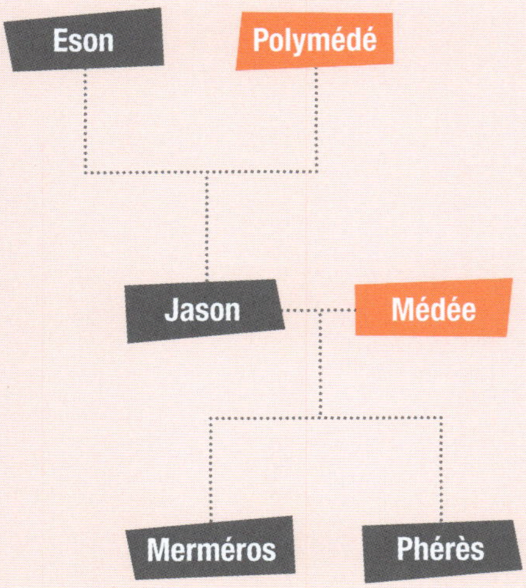

ULYSSE

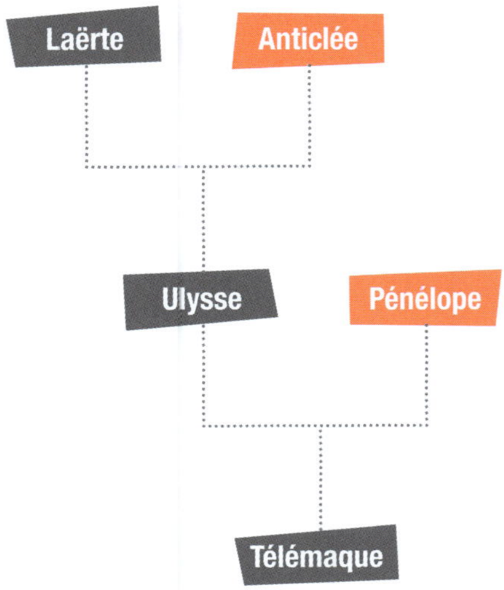

HÉRACLÈS

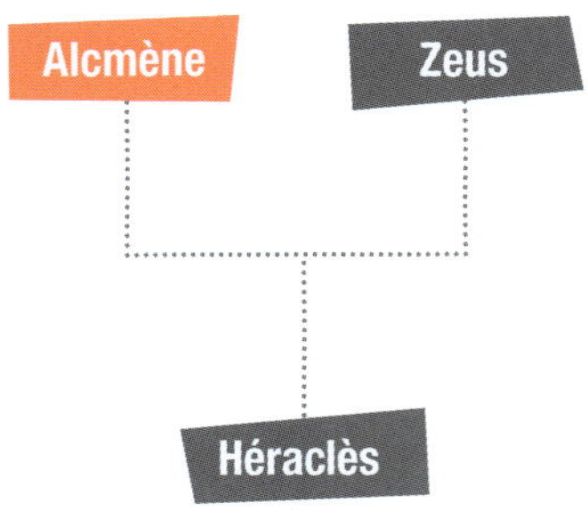

PERSÉE

THÉSÉE

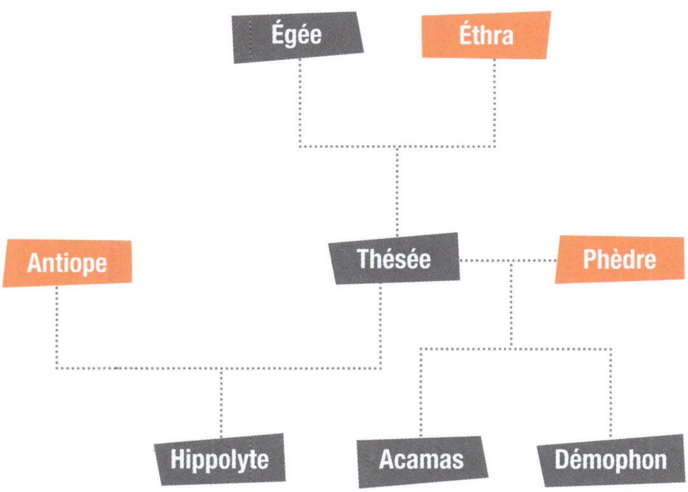
Égée
Éthra
Antiope
Thésée
Phèdre
Hippolyte
Acamas
Démophon

LES TEXTES FONDATEURS

La mythologie gréco-romaine est avant tout orale. Les aèdes – des poètes-chanteurs qu'on peut rapprocher des troubadours de l'époque médiévale – parcouraient la Grèce en récitant les aventures épiques des dieux et des héros légendaires venues du fond des âges. Ce n'est que plus tard que ces histoires ont été écrites sous forme d'épopée, de poésie, de tragédie…
Les textes les plus anciens connus sont ceux d'Homère (l'*Iliade*, l'*Odyssée*), aux environs du IXe siècle av. J.-C., et d'Hésiode (la *Théogonie*). Puis, peu à peu, sont nés d'autres textes, avec des variantes. Le récit mythique, en effet, comme l'explique Jean-Pierre Vernant dans *L'Univers, les dieux, les hommes*, « comporte toujours des variantes, des versions multiples que le conteur trouve à sa disposition, qu'il choisit en fonction des circonstances, de son public ou de ses préférences, et où il peut retrancher, ajouter, modifier si cela lui paraît bon ».

Impossible ici de lister toutes les variantes. Nous nous contenterons d'en donner quelques-unes quand cela s'avérera nécessaire.

Par ailleurs, si l'on parle de mythologie gréco-romaine, c'est parce que les Romains ont largement adopté la mythologie grecque en modifiant les noms de certains dieux et héros.

ÉQUIVALENCE DES DIEUX GRECS ET LATINS

Zeus : Jupiter, dieu du Tonnerre et roi des dieux

Héra : Junon, déesse du Mariage

Poséidon : Neptune, dieu de la Mer

Hadès : Pluton, maître des Enfers

Héphaïstos : Vulcain, dieu des Forges et du Feu

Arès : Mars, dieu de la Guerre

Athéna : Minerve, déesse de la Sagesse

Artémis : Diane, déesse de la Chasse

Aphrodite : Vénus, déesse de l'Amour

Hermès : Mercure, messager des dieux, protecteur des commerçants, des voleurs et des médecins

Déméter : Cérès, déesse des Blés et des Moissons

Dionysos : Bacchus, dieu du Vin

LES PRINCIPAUX AUTEURS GRECS

En tête Homère, l'auteur des célèbres l'*Iliade* et l'*Odyssée*, qu'il aurait écrites vers le IXe siècle av. J.-C. Ces deux épopées sont consacrées à un épisode de la guerre de Troie et au retour d'Ulysse dans sa patrie à la fin de la guerre (cf. Chapitre 7). Homère, le plus grand et le dernier des aèdes, a donné la première forme écrite aux poèmes épiques, transmis oralement jusque-là.

Les hymnes homériques sont des poèmes à la gloire d'un dieu, qui ont été autrefois attribués à Homère. En fait, ils ont été écrits par des inconnus à des périodes différentes, du VIIIe siècle av. J.-C. au IVe siècle de notre ère environ.

Un des poèmes d'Hésiode, un auteur du VIIIE-VIIe siècle av. J.-C., la *Théogonie* (mot signifiant « généalogie des dieux » en grec), est consacré à la création de l'univers et des dieux. C'est une source très précieuse sur laquelle nous nous appuierons.

Pindare, aux VI et Ve siècles av. J.-C, a écrit des poèmes en l'honneur des athlètes des jeux, qu'il compare aux héros mythiques.

Plusieurs auteurs ont écrit des tragédies à sujets mythologiques, qui sont des mines de renseignements : Eschyle, Sophocle et Euripide.

Pseudo-Apollodore, plus tard, sans doute au IIe siècle apr. J.-C., est connu pour sa *Bibliothèque*, qui, bien que très prosaïque, a le mérite de rassembler sous forme de notices la plupart des mythes.

LES PRINCIPAUX AUTEURS LATINS

Tout d'abord, Ovide, largement cité dans ce livre. Ce poète latin du Ier siècle racontait les légendes avec moult détails. Même s'il embellissait les histoires et qu'il ne croyait pas aux mythes, il reste une référence, notamment pour ses *Métamorphoses*.

Son contemporain, Virgile, poète apprécié d'Auguste, est connu pour son épopée « parallèle » à celle d'Homère, l'*Énéide*, qui raconte les aventures d'Énée, prince troyen qui finira en Italie où il fondera la nation romaine (cf. Chapitre 5).

Apulée, qui vivait au IIe siècle, est le seul à raconter l'histoire d'amour entre Cupidon et Psyché (cf. Chapitre 3), dans *Les Métamorphoses ou l'Âne d'or*.

LA CRÉATION

Toutes les mythologies ou presque commencent par le thème de la création. La mythologie gréco-romaine ne fait pas exception à la règle, même si, dans son cas, les générations de dieux vont se succéder avant que la stabilité ne s'installe.

LA PREMIÈRE GÉNÉRATION DE DIEUX

Au début pas de Dieu comme dans la Bible, mais trois entités primordiales qui apparaissent ex nihilo. D'abord Chaos, le vide, la Béance. Puis Gaïa, la Terre, suivie d'Éros. Cet Éros n'est pas Cupidon, mais l'Amour primordial.

Gaïa accouche, sans s'être accouplée à qui que ce soit, d'Ouranos, le Ciel, puis des Montagnes et de Pontos, l'Eau.

Puis Ouranos – Ciel – s'allonge sur Gaïa – Terre. Comme l'explique Jean-Pierre Vernant dans *L'Univers, les dieux, les hommes*, « Terre et Ciel constituent deux plans superposés de l'univers, un plancher et une voûte, un dessous et un dessus, qui se recouvrent complètement ». Conséquence : Ouranos, couché sur Gaïa, enfante des enfants qui ne peuvent sortir, puisque Ouranos recouvre complètement Gaïa.

LA DEUXIÈME GÉNÉRATION DE DIEUX

Voici les enfants restés dans le ventre de leur mère : six Titans et six Titanes, les trois Cyclopes à un œil et les Hécatonchires, les Cent-bras, des êtres monstrueux, qui sont également trois. Tout ce petit monde est dans le ventre de Gaïa qui, n'en pouvant plus, demande à ses enfants de se révolter contre Ouranos. Terrifiés, ils ne pipent mot, à l'exception du plus jeune des Titans, Cronos, qui promet d'aider Gaïa.

Conseillé par sa mère, qui lui a donné une faucille, Cronos attend qu'Ouranos s'unisse à Gaïa. À cet instant précis, il saisit les parties sexuelles de son père, les coupe avec la serpe et les jette. Le sang du membre d'Ouranos donne naissance aux Érinyes, les divinités de la vengeance (cf. Chapitre 6), aux Géants, des guerriers, ainsi qu'aux Méliades, les nymphes guerrières des frênes. La vengeance d'Ouranos est en marche.

Par ailleurs, quand il est émasculé, Ouranos pousse un cri de douleur et se détache de Gaïa. Le Ciel se détache enfin de la Terre pour se fixer en haut. Aussitôt, les enfants de Gaïa sortent du ventre de leur mère.

LES TITANS

Leur nom est à l'origine de plusieurs mots ou expressions de la langue française :

- une force titanesque (digne d'un Titan) ;
- un travail de titan (colossal) ;
- le titane, un métal très résistant ;
- et même le Titanic, censé être insubmersible…

LA TROISIÈME GÉNÉRATION DE DIEUX

Cronos devient le chef des enfants de Gaïa. Mais, craignant un mauvais coup, il décide d'enchaîner les Cyclopes et les terribles Hécatonchires, et de les envoyer aux Enfers. Parallèlement, il s'accouple à une Titane, Rhéa, mais par peur que ce qui est arrivé à son père ne se reproduise, il empêche ses enfants de vivre en les avalant dès leur naissance. L'histoire recommence.
Et Rhéa, comme Gaïa, qui la conseille dans ce sens, décide de ruser. Aussi, quand le dernier de ses enfants, Zeus, est à terme, elle en accouche clandestinement et donne à sa place une pierre enveloppée de linges à Cronos, qui l'avale sans se rendre compte de quoi que ce soit.
Une fois grand, Zeus fait boire à Cronos un vomitif donné par Rhéa. Aussitôt, Cronos déglutit ses enfants, la troisième génération de dieux, ceux que nous connaissons, les Olympiens (cf. Chapitre 1) : Héra, Poséidon...

LA GUERRE DES DIEUX

Évidemment, Cronos décide de réagir. Suivi par les Titans, ses frères, il se lance dans une guerre effroyable contre les dieux olympiens, qui secouera la terre et durera dix ans. Pendant longtemps, aucun des deux clans, postés en haut d'une montagne, ne semble en mesure de faire pencher la balance de son côté, jusqu'à ce que Prométhée (cf. Chapitre 6), le fils d'un Titan, passe du côté de Zeus et lui apporte la ruse, et que Gaïa conseille à son petit-fils de libérer les Cyclopes et les Hécatonchires. Les Cyclopes, reconnaissants, vont donner à Zeus des armes redoutables : la foudre, l'éclair et le tonnerre. Quant aux Hécatonchires, ils se jettent sur les Titans. C'est ainsi que Zeus réussit à vaincre les Titans, qu'il fait jeter dans le monde souterrain. Ce faisant, Zeus devient, le maître des autres dieux olympiens. Son début de règne ne sera cependant pas de tout repos, puisqu'il devra notamment affronter Typhon, un enfant tardif de Gaïa, ainsi que les Géants, dont il viendra à bout avec l'aide d'Héraclès (Hercule, cf. Chapitre 5), le fils qu'il a eu avec une mortelle.

ET LES HUMAINS DANS TOUT ÇA ?

Les versions diffèrent sur la création des Hommes.
Dans l'une, c'est à Prométhée qu'échoit cette tâche. Ce dernier, tête en l'air, ayant distribué le meilleur aux animaux (ruse, rapidité, ailes...) avant de s'occuper des humains, Prométhée n'a plus qu'à compenser la bêtise de son frère et à améliorer le sort des Hommes. Il les aurait donc fait se tenir debout pour que leur visage se tourne vers les étoiles, à la différence des animaux, puis leur aurait donné le feu (cf. Chapitre 6).

Dans une autre version (Hésiode), ce sont les dieux qui créent les Hommes.
Dans une troisième version, les Hommes descendraient d'une race de pierre. Ils auraient été au préalable exterminés par le déluge envoyé par Zeus pour punir les Hommes de leur arrogance. Heureusement, Deucalion et Pyrrha, le fils de Prométhée et sa nièce, grâce à leur piété et à leur sagesse, auraient échappé au massacre, permettant à la race humaine de perdurer. Cette histoire n'est pas sans rappeler le déluge de la Bible, dont seuls réchappent un couple de chaque espèce animale, le sage Noé et sa famille. Le thème du déluge, comme celui de la création, est en effet un thème qu'on retrouve dans plusieurs mythologies.

Quoi qu'il en soit, voici enfin Zeus libre de régner du haut de l'Olympe sur les dieux, les héros, les monstres et les mortels dont nous allons parler. À noter qu'à la différence d'autres peuples, les Grecs ont imaginé les dieux à leur image. C'est sans doute ce qui rend leur mythologie si plaisante et si « humaine ». Voyons un peu.

CHAPITRE

1

LES PRINCIPAUX DIEUX

Les dieux n'étaient pas parfaits, tant s'en faut. Jaloux, égoïstes, susceptibles, ils possédaient les mêmes qualités et les mêmes défauts que les mortels. Ils pouvaient entrer dans des colères noires et poursuivre leur vengeance des mortels ou des héros pendant des années. Il faut dire qu'ils avaient tout le temps devant eux, puisqu'ils étaient immortels !

LES DIEUX OLYMPIENS

Douze dieux et déesses sont appelés les dieux olympiens. Ce sont Zeus, Héra, Poséidon, Aphrodite, Athéna, Arès, Héphaïstos, Apollon, Artémis et Hermès, ainsi que deux autres dont l'identité varie selon les auteurs et que l'on peut retrouver parmi les quatre grandes figures suivantes : Dionysos, Hestia, Hadès et Déméter.

L'OLYMPE

- L'Olympe est la montagne où les dieux passent leur temps à s'amuser en buvant le nectar et en mangeant l'ambroisie, gages de leur immortalité.
- Le mont Olympe est aussi la plus haute montagne de Grèce. Il culmine à près de 3 000 mètres.

LES TROIS FRÈRES DE L'UNIVERS

Quand la guerre contre Cronos est terminée (cf. Introduction), Zeus, Hadès et Poséidon se partagent l'univers : à Zeus le royaume du ciel, à Poséidon celui des mers et à Hadès le monde souterrain.

ZEUS

le maître de l'Olympe au cœur d'artichaut

CARTE D'IDENTITÉ DE ZEUS

Fonction principale: maître de l'Olympe
Nom latin: Jupiter, protecteur de Rome
Frères célèbres: Poséidon, Hadès
Sœurs célèbres: Hestia, Héra, Déméter
Enfants célèbres: Arès, Apollon, Héraclès, Athéna, Artémis…
Épouse légitime: Héra
Maîtresses: Io, Sémélé, Callisto… (cf. Chapitre 3)
Animal favori: l'aigle royal
Arbre: le chêne
Représentation: généralement brandissant une figure d'éclair qu'on appelle le foudre et/ou accompagné d'un aigle. Il porte parfois l'égide, une sorte de bouclier recouvert de peau de chèvre
Expression associée: se croire sorti de la cuisse de Jupiter (cf. Chapitre 3)

Fils de Rhéa et de Cronos (cf. Introduction), c'est lui qui réussit à faire vomir à son père la ribambelle d'enfants que le Titan gardait dans son ventre, les empêchant de vivre: Hestia, Poséidon, Hadès, Héra, Déméter. Ces derniers, qui sont donc ses frères et sœurs, finiront par se ranger à sa suprématie. Il faut dire que Zeus a reçu des Cyclopes et des Hécatonchires, qu'il a libérés, le tonnerre, la foudre et l'éclair. Ça en impose. La seule chose que Zeus ne peut ou ne veut pas changer, c'est le destin… Eh oui…

Comme beaucoup de personnages puissants, il a le goût des femmes. Mortelles, nymphes, divinités... toutes sont susceptibles de lui plaire, au grand dam de son épouse légitime, Héra, qui est aussi sa sœur (cf. Chapitre 2). Aussi, pour ne pas se faire prendre par cette dernière, fort jalouse, ou pour approcher une femme qui n'a rien demandé, se métamorphose-t-il souvent, que ce soit en taureau, en cygne... ou en pluie d'or (cf. Chapitre 3). Véritable cœur d'artichaut, il est le père de plusieurs héros ou divinités célèbres, comme Héraclès, Artémis...

Garant de l'ordre, il arbitre les conflits entre les dieux et établit les règles sur terre. Rois et dieux lui doivent des comptes.

ZEUS ET L'HUMOUR

La déesse Aurore tombe un jour amoureuse du mortel Tithon, frère de Priam, qu'elle enlève. Refusant de s'en séparer, elle intercède auprès de Zeus pour qu'il accorde l'immortalité au beau Tithon. « D'accord », lui répond Zeus avec un petit sourire. Résultat: Tithon vieillit, vieillit, vieillit, mais ne meurt jamais. Zeus a respecté sa parole.
Aurore, elle, a oublié de demander l'éternelle jeunesse pour son amant…

POSÉIDON

le dieu susceptible du Monde marin

Poséidon est le frère de Zeus. Souverain incontesté du Monde marin, il gouverne la tempête et les eaux.

Un rien susceptible, il peut se montrer sévère avec ceux qui ne lui rendent pas le culte qu'il estime mériter. Ainsi, les Troyens ne l'ayant selon lui pas assez remercié pour la muraille qu'il les avait aidés à construire, il prendra le parti des Grecs lors de la guerre de Troie (cf. Chapitre 7).

CARTE D'IDENTITÉ DE POSÉIDON

Fonction principale: dieu de la Mer
Nom latin: Neptune
Frères célèbres: Zeus, Hadès
Sœurs célèbres: Hestia, Héra, Déméter
Épouse: la nymphe Amphitrite
Animal favori: le cheval, dont il fit cadeau à l'Homme
Représentation: un trident à la main, sur un char tiré par des chevaux ou des animaux monstrueux, souvent barbu, les cheveux longs
Caractéristique: vénéré des marins

Il a aussi ses têtes, et gare à ceux qu'il n'aime pas, comme Ulysse, contre lequel il va déchaîner tempête sur tempête dans l'Odyssée (cf. Chapitre 7) pour le punir d'avoir aveuglé son fils, le Cyclope Polyphème.

HADÈS

le dieu solitaire du Monde souterrain

CARTE D'IDENTITÉ D'HADÈS

Fonction principale: maître des Enfers
Nom latin: Pluton
Frères célèbres: Zeus, Poséidon
Sœurs célèbres: Hestia, Héra, Déméter
Épouse: Perséphone
Représentation: coiffé d'un casque qui rendait invisible celui qui le portait, avec un sceptre, parfois une corne d'abondance
Caractéristique: haï des dieux

Hadès est le frère de Zeus et de Poséidon. Lors du partage du monde entre les trois frères, c'est le monde souterrain qui lui échoit. Il règne sur les Enfers, le monde des ombres et des morts.
Peu glamour aux yeux des autres dieux vu sa fonction et doté d'un caractère sans pitié, le dieu des Morts est souvent seul. Du coup, pour avoir une femme, il ne trouve rien d'autre à faire que d'enlever Perséphone, la fille de Déméter (cf. Chapitre 2), qu'il ne pourra finalement voir que quelques mois par an. On le dit également très riche, tous les métaux précieux et les richesses de la terre lui appartenant.

AUTRES FLEUVES CÉLÈBRES DES ENFERS

Le Styx: fleuve par lequel juraient les dieux. Tout mortel qui boit de son eau est immédiatement foudroyé.
Le Léthé: fleuve de l'oubli.

Si vous souhaitez le croiser et que votre âme accède au royaume des morts, suivez ce chemin décrit par Virgile, le poète latin:

1. Descendez le sentier qui mène là où le fleuve Achéron rejoint le fleuve Cocyte.
2. Montez dans la barque de Charon le nocher. Encore faut-il pour cela avoir dans la bouche une obole comme prix de son passage et avoir reçu une sépulture.
3. Faites-vous ouvrir la porte des Enfers par Cerbère, le gardien des lieux, un monstre féroce à trois têtes de chien et à la crinière de serpents, qui surveille les entrées et les sorties. Les morts ont en effet l'interdiction de sortir et les vivants d'entrer. Seuls quelques personnages célèbres, comme Orphée, Énée et Héraclès réussiront à entrer… et à sortir vivants! On comprend mieux l'expression que le monstre a donnée: être un véritable cerbère!
4. Passez devant trois juges, Rhadamanthe, Éaque et Minos, pour connaître votre sort: ou le Tartare, lieu de tourments éternels, ou les champs Élysées, lieu de délices. À noter qu'au début, il n'était question ni de Tartare ni de champs Élysées, mais d'un lieu unique où les âmes erraient.

LES FILS DE ZEUS

HÉPHAÏSTOS

l'affreux dieu du Feu

Héphaïstos est le fils de Zeus et de sa femme Héra (parfois d'Héra seule). Et il a beau être le rejeton d'un ou de deux dieux, il naît... laid ! Si laid que, selon une version, sa mère le jette du haut de l'Olympe. Résultat : en plus d'être laid, il devient... boiteux ! Dans une autre version, c'est Zeus, en colère, qui le rend boiteux. Qu'importe ! Malgré sa laideur et son infirmité, il réussira à épouser la belle des belles, la déesse Aphrodite (cf. Chapitre 3), même si cette dernière le trompera souvent, notamment avec son frère Arès.

CARTE D'IDENTITÉ D'HÉPHAÏSTOS

Fonction principale : dieu du Feu et des Forges
Nom latin : Vulcain
Père : Zeus
Mère : Héra
Épouse : Aphrodite
Caractéristique : dieu populaire
Représentation : dans sa forge, avec une enclume ou un marteau à la main, souvent en vieillard à la barbe hirsute, la tête coiffée du bonnet ovale des forgerons

Héphaïstos est le dieu du Feu. Habile forgeron, il pourvoit les dieux en armes et en meubles. C'est lui qui forgera l'armure d'Achille et le trident de Poséidon. C'est donc aussi le patron de la métallurgie.

ARÈS

le bouillonnant dieu de la Guerre

Fils de Zeus et d'Héra, Arès est le terrible dieu de la Guerre. Redouté de tous – même des dieux – il ne rend les armes que par amour. Sa liaison la plus célèbre est celle qu'il aura avec la femme de son frère Héphaïstos : Aphrodite (cf. Chapitre 4).
Selon Homère, il est sanguinaire, mais aussi un peu lâche, et gémit quand il souffre. Car même le dieu de la Guerre peut être blessé sur un champ de bataille, comme lors de la guerre de Troie. Il faut dire qu'il est tellement impulsif ! Pourtant, dans ses déplacements, il est généralement escorté par Deimos (la Crainte) et Phobos (la Panique), qu'il aurait eus avec Aphrodite, quand ce n'est pas par Éris (la Discorde) et Ényo (la Bataille). Tout un programme !

CARTE D'IDENTITÉ D'ARÈS

Fonction principale : dieu de la Guerre
Nom latin : Mars
Père : Zeus
Mère : Héra
Maîtresse célèbre : Aphrodite
Oiseau le vautour
Cri de guerre : Alalè alala (!)
Représentation : casqué et armé jusqu'aux dents
Caractéristique : haï des Hommes (moins chez les Romains)

Sa rivale la plus célèbre est Athéna qui, si elle est aussi déesse de la Guerre, incarne par son intelligence les aspects positifs de la guerre, quand le bouillonnant Arès représente ses aspects négatifs.

ARÉOPAGE

Ce mot vient de la colline du dieu Arès, située à Athènes, où siégeait un conseil puissant. Il désigne aujourd'hui une assemblée de juges, de savants…

APOLLON

le plus beau des dieux

Apollon est le fils de Zeus et de Léto (cf. Chapitre 3). En tant que dieu de la Lumière, on l'appelle parfois « Phoïbos », ce qui signifie l'étincelant. Il veille également sur la Poésie et la Musique, ce qui lui vaut d'être souvent représenté avec sa lyre, dont il joue merveilleusement sur l'Olympe. Jaloux de son talent, il ne permet à personne de prétendre jouer mieux que lui. Le satyre Marsyas l'apprendra à ses dépens, qui finira écorché (cf. Chapitre 6). C'est aussi le plus beau des dieux, d'où l'expression « être un apollon », ce qui ne l'empêchera pas d'être souvent malheureux en amour (cf. Chapitre 3). Comme quoi la beauté ne donne pas tout, même à un dieu ! Ainsi la nymphe Daphné fera-t-elle tout pour lui échapper, jusqu'à être transformée en laurier, qu'il adoptera comme arbre. Et comme il le dit dans *Les Métamorphoses* d'Ovide en s'adressant à Daphné :

DELPHES

L'oracle d'Apollon se tenait à Delphes, où les pèlerins affluaient. Une prêtresse en transe sur un trépied, qui avait mâché des feuilles de laurier – la Pythie ou Pythonisse –, leur donnait la réponse à leurs questions au nom d'Apollon.
« Connais-toi toi-même » était gravé sur le fronton du temple.

Le laurier ornera désormais mes cheveux, ma lyre et mon carquois : il parera le front des guerriers du Latium, lorsque des chants d'allégresse célébreront leur triomphe et les suivront en pompe au Capitole ; tes rameaux, unis à ceux du chêne, protégeront l'entrée du palais des Césars ; et, comme mes cheveux ne doivent jamais sentir les outrages du temps, tes feuilles aussi conserveront une éternelle verdure.

Ce dieu, qui peut être sans pitié avec son arc, envoyer la peste ou faire preuve de bonté et purifier, est le jumeau de la déesse Artémis (cf. Chapitre 2). Ses oracles révèlent aux Hommes la vérité.

CARTE D'IDENTITÉ D'APOLLON

Fonction principale : dieu de la Lumière solaire, de la Musique et de la Poésie
Nom latin : Phébus, Apollo
Père : Zeus
Mère : Léto (Latone)
Jumelle : Artémis
Arbre : le laurier, dont on tressait des couronnes pour les vainqueurs (cf. l'expression « être couronné de lauriers »)
Représentation : avec un arc, une lyre, les cheveux ornés de laurier
Caractéristique : pas toujours heureux en amour, malgré sa beauté
Expression associée : être un apollon

HERMÈS

le débrouillard messager des dieux

Hermès est le fils de Zeus et de la nymphe Maïa. Il est plus jeune que ses frères et sœurs. Précoce, à peine né, il commet son premier vol – les bœufs du troupeau de son frère Apollon – et nie son forfait avec aplomb devant son père, ce qui amuse beaucoup ce dernier. Ce n'est pas pour rien qu'il est le dieu des Voleurs, mais aussi le patron des orateurs ! Mais Hermès sait aussi voler dans les airs, chaussé de ses sandales et de son chapeau ailés. Voilà pourquoi il est aussi le messager des dieux, et le protecteur des voyageurs et des commerçants. Devenu bon copain avec Apollon, à qui il offre la lyre qu'il vient d'inventer, il aidera souvent son père dans ses nombreuses aventures amoureuses illégitimes (cf. Chapitre 3). Intermédiaire entre les Hommes et les mortels, il est très présent dans les récits mythologiques.

Avec Aphrodite, il aura un fils, le beau et jeune Hermaphrodite qui, pour avoir repoussé une nymphe, Salmacis, et selon la demande aux dieux de cette dernière, deviendra un être hybride fait de lui et de la nymphe :

Leurs deux corps sont mêlés, soudés, et se présentent sous une figure unique. Si l'on réunit des rameaux sous une même écorce, on les voit grandir et se rejoindre et se développer ensemble, de même, depuis que leurs membres se sont unis en une étreinte serrée, ils ne sont plus deux, mais une forme double, dont on ne peut dire si elle est fille ou garçon ; ils semblent n'être ni l'un ni l'autre et être l'un et l'autre (Ovide, Les Métamorphoses, IV).

CARTE D'IDENTITÉ D'HERMÈS

Fonction principale : messager des dieux
Nom latin : Mercure
Père : Zeus
Mère : Maïa
Fils célèbres : Pan, Hermaphrodite
Représentation : avec son chapeau et ses sandales ailés, le caducée à la main, bâton entrelacé de deux serpents et surmonté d'une paire d'ailes symbolisant le pouvoir guérisseur du dieu. Il l'a reçu d'Apollon en échange de la lyre.
Caractéristique : dieu bienfaiteur que tout le monde aime

DIONYSOS

le populaire dieu du Vin

Dionysos est le fils de Zeus et de Sémélé (cf. Chapitre 3). C'est lui qui, au sens propre, est sorti de la cuisse de Jupiter, expression utilisée aujourd'hui pour dire de quelqu'un qu'il se croit exceptionnel. En effet, sa mère, poussée par la jalouse Héra, ayant voulu voir Zeus dans tout son éclat, fut foudroyée. Zeus n'eut que le temps de prendre l'enfant qu'elle attendait et de le cacher dans sa cuisse jusqu'à sa naissance. Mais Héra poursuivant l'enfant de sa vindicte, Zeus finit par confier Dionysos à des nymphes. Plus tard, ce dieu inclassable, fils d'une mortelle et d'un dieu, nourri en partie dans la cuisse de son père, va vagabonder et subir quelques « persécutions » avant d'être reconnu comme dieu à part entière dans son pays. Le dernier dieu à entrer dans l'Olympe parcourra la Lydie, la Phrygie, la Perse et l'Arabie avant de regagner Thèbes, sa ville natale. Au cours d'un de ses voyages, il tombera sur Ariane, inconsolable depuis que Thésée l'a abandonnée (cf. Chapitre 5), et l'épousera.
Connu pour avoir donné aux Hommes le vin, ce dieu populaire, synonyme de fêtes endiablées, est aussi le protecteur du théâtre. Plusieurs tragédies lui sont consacrées, comme *Les Bacchantes* d'Euripide, qui traitent du retour tumultueux du dieu à Thèbes.

MÉNADES

Le cortège de Dionysos est notamment composé des Ménades (ou Bacchantes), des femmes redoutables dans leur ivresse. Elles poussent souvent des cris aigus et, dans leur fureur, mettent en pièces les animaux qui ont le malheur de croiser leur chemin.

CARTE D'IDENTITÉ DE DIONYSOS

Fonction principale: dieu du Vin et de la Vigne
Nom latin: Bacchus
Père: Zeus
Mère: Sémélé
Épouse: Ariane
Meilleur ami: Silène (cf. ci-dessous, à « Pan »)
Représentation: une coupe à la main, avec le thyrse (bâton entouré de pampres et de lierre avec au bout une pomme de pin ou des feuilles de vigne), parfois sur un char tiré par des panthères, la tête couronnée de grappes de raisin
Caractéristique: dieu populaire
Expression associée: se croire sorti de la cuisse de Jupiter

Le culte de Dionysos donnait lieu à moult libations et expressions de joie et de brutalité, comme le vin, qui peut rendre aussi gai que fou. Lors des bacchanales, hommes et femmes se déchaînaient, poussant des cris sauvages.

Désireux de rendre justice à sa mère, le dieu Dionysos réussira à la ramener des Enfers pour la transporter dans les cieux, où elle deviendra immortelle. Un bon fils, ce Dionysos.

LES AUTRES DIEUX IMPORTANTS

D'autres dieux, moins importants que les dieux olympiens, jouent cependant un rôle non négligeable. Parmi eux : Éros et Pan, le fils d'Hermès.

ÉROS

l'amour brûlant

Éros est le dieu du Désir. La tradition le dit fils de la déesse Aphrodite. Mais, en fait, il existait un Éros bien avant Cronos et Zeus, puisqu'il est apparu après Gaïa (cf. Introduction). C'est une divinité primordiale qui rapproche et engendre :

Avant toutes choses fut Khaos, et puis Gaïa au large sein, siège toujours solide de tous les Immortels qui habitent les sommets du neigeux Olympos et le Tartaros sombre dans les profondeurs de la terre spacieuse, et puis Éros, le plus beau d'entre les Dieux Immortels, qui rompt les forces, et qui de tous les dieux et de tous les humains dompte l'intelligence et la sagesse dans leur poitrine (Hésiode, *Théogonie*, traduction de Leconte de Lisle).

À la différence d'Aphrodite, tout en séduction et en douceur, il représente le désir puissant qui peut faire dérailler la raison. Représenté avec un arc et des flèches dont il perce le cœur des Hommes et avec lesquelles il allume dans leur cœur le feu de la passion (car l'amour peut aussi être cruel), il est alors assimilé à l'Amour ou à Cupidon, qui tombera fou amoureux de Psyché, comme le raconte Apulée dans *L'Âne d'or* (cf. Chapitre 3).

CARTE D'IDENTITÉ D'ÉROS

Fonction principale : assimilé au dieu de l'Amour
Nom latin : Cupidon, Amour
Mère : Aphrodite
Amour célèbre : Psyché, qu'il finit par épouser
Représentation : enfant ou adolescent avec un arc, parfois aveugle, comme l'amour peut l'être !
Adjectif associé : érotique

PAN

le dieu débauché des Bergers et des Troupeaux

Pan, dont le nom en grec signifie «tout», serait le fils d'Hermès. C'est le dieu joyeux et un peu brut des Bergers et des Troupeaux. Quand son père le présente sur l'Olympe, il est la risée de tous avec ses cornes sur la tête et ses sabots de bouc.
Sa spécialité, c'est de courir après les jolies nymphes des bois, qui le repoussent à chaque fois (cf. Chapitre 3). De l'aventure avec l'une d'elles, Syrinx, il tire la flûte de roseau – la flûte de Pan –, dont il joue merveilleusement.

CARTE D'IDENTITÉ DE PAN

Fonction principale: dieu des Bergers et des Troupeaux
Nom latin: assimilé à Faunus ou à Sylvain
Père: Hermès
Fils ou frère: Silène
Caractéristique: lubrique
Représentation: avec des cornes et des pieds de bouc, le torse velu, jouant de la flûte
Expression liée: avoir une peur panique, paniquer

Silène, qu'on retrouve dans les aventures de l'écervelé roi Midas (cf. Chapitre 6), est selon certaines sources son fils ou son frère. Perpétuellement saoul, ce vieillard avance le plus souvent sur un âne, trop ivre pour marcher.

Le terme «panique» dérive directement du dieu Pan dont on disait que, la nuit, il produisait des sons terribles dans les lieux sauvages, d'où l'expression «peur panique». Sans compter que son aspect avait de quoi faire paniquer...

CHAPITRE

2

LES PRINCIPALES DÉESSES

Les déesses n'étaient pas plus parfaites que les dieux. Jalouses, infidèles, susceptibles, elles aussi ressemblent aux mortels. Elles paraissent cependant dans l'ensemble plus tolérantes que leurs homologues masculins.

LES DÉESSES OLYMPIENNES

Comme nous l'avons vu au Chapitre 1, douze dieux sont appelés les dieux olympiens. Parmi eux figurent toujours les quatre déesses Héra, Athéna, Artémis, Aphrodite et, selon les listes de certains auteurs, Hestia et/ou Déméter.

LES TROIS SŒURS

Héra, Hestia et Déméter sont sœurs. Leurs frères sont Zeus, Poséidon et Hadès.

HÉRA

la jalouse protectrice des ménages

Héra est la sœur de Zeus, mais aussi et surtout son épouse. Une épouse jalouse de son mari libidineux,, qui non seulement l'espionne, le querelle, mais ne cesse de se venger, de ses victimes comme de leurs progénitures. Héraclès, Io, Sémélé... feront ainsi les frais de sa fureur et de sa rancune (cf. Chapitre 3). Il faut dire qu'elle est la protectrice du mariage et qu'elle entend sans doute donner l'exemple dans son propre foyer. Cela dit, elle finissait toujours par se réconcilier avec son divin mari, à qui elle a donné plusieurs enfants célèbres : Arès, Héphaïstos... (cf. Chapitre 1).

CARTE D'IDENTITÉ D'HÉRA

Fonction principale : déesse du Mariage, protectrice de la famille
Nom latin : Junon
Époux : Zeus
Frères et sœurs célèbres : Hestia, Déméter, Zeus, Poséidon et Hadès
Enfants célèbres : Arès, Héphaïstos
Animaux : le paon et la vache…
Représentation : comme une reine, avec un sceptre et un diadème, et parfois une grenade, symbole de fécondité, à la main
Caractéristique : une certaine impatience

Furieuse que le Troyen Pâris lui eût préféré Aphrodite (cf. Chapitre 7), elle soutint les Grecs contre les Troyens et fit en sorte que la guerre ait lieu, qui plus est dans un bain de sang...

Son caractère ombrageux n'empêchait pas les femmes mariées de la prier.

HESTIA

la sédentaire déesse du Foyer

Hestia est la sœur aînée d'Héra, de Déméter, de Zeus, de Poséidon et d'Hadès.
Déesse du Foyer, elle est et restera vierge, comme elle l'avait demandé à Zeus, notamment pour échapper aux avances de certains dieux.

Chaque repas débutait et finissait par une offrande à la déesse; tout nouveau-né et toute nouvelle épousée devaient lui être présentés.
Hestia représente le feu sacré qui brûle dans les temples et les demeures.

C'est son feu que les Grecs emportaient quand ils fondaient une ville ou une colonie. Chaque cité avait en effet un foyer qui ne devait pas s'éteindre en l'honneur d'Hestia.

LES VESTALES

À Rome, des prêtresses vierges, les vestales, avaient pour charge d'entretenir le feu sacré de Vesta (Hestia en Grèce) dans son temple.

CARTE D'IDENTITÉ D'HESTIA

Fonction principale: déesse du Foyer
Nom latin: Vesta
Frères et sœurs célèbres: Héra, Déméter, Zeus, Poséidon et Hadès
Représentation: le feu sacré dans les mains
Caractéristique: vierge, à sa demande

DÉMÉTER

la maîtresse de la terre cultivée

Sœur d'Héra, d'Hestia, de Zeus, de Poséidon et d'Hadès, Déméter est la déesse du Blé et de la Moisson. Elle est donc importante pour les récoltes. Elle symbolise aussi l'amour inconditionnel d'une mère. Quand Perséphone, la fille qu'elle a eue avec Zeus, disparaît, elle parcourt le monde pour la retrouver, désespérée. Quand elle apprend qu'elle a été enlevée par Hadès qui l'a emmenée aux Enfers, elle quitte l'Olympe et décide de ne plus s'occuper de la terre, qui devient stérile.

CARTE D'IDENTITÉ DE DÉMÉTER

Fonction principale: déesse des Récoltes
Nom latin: Cérès
Frères et sœurs célèbres: Héra, Hestia, Zeus, Poséidon et Hadès
Fille: Perséphone
Représentation: des récoltes et/ou des outils agricoles dans les mains et/ou des épis en couronne sur la tête
Caractéristique: jamais sans ma fille !

Face à cette catastrophe, Zeus n'a pas d'autre choix que d'intervenir. Finalement, la fille de Déméter est rendue à sa mère six mois par an (ou neuf), ce qui correspond au printemps et à l'été, périodes fastes pour les récoltes, où les grains de blé, au soleil comme Perséphone, poussent.
En automne et en hiver, en revanche, Perséphone, comme le blé, est sous la terre. Déméter est triste, et rien ne pousse.

ÉLEUSIS

C'est à Éleusis, une ville proche d'Athènes, que s'élevait le grand temple en l'honneur de la déesse, en souvenir du passage qu'elle fit dans cette ville lorsqu'elle quitta l'Olympe. Elle y était arrivée déguisée en vieille femme avant de se faire reconnaître et de demander qu'on construise un sanctuaire en son honneur. On y célébrait les mystères d'Éleusis.

LES « FILLES DE »

Parmi les déesses olympiennes figurent également les filles de dieux importants : Athéna et Artémis. L'une d'elles serait même née ex nihilo, ou presque... : Aphrodite.

ARTÉMIS

la chaste déesse de la Chasse

Artémis est la fille de Zeus et de Léto, de qui Héra cherche à se venger, son mari ayant encore été infidèle. Poursuivie par Héra, Léto est contrainte d'accoucher dans de difficiles conditions. Heureusement, Artémis, sortie la première, l'aurait aidée à accoucher d'Apollon (cf. Chapitre 1), qui est donc son jumeau. Elle est d'ailleurs la protectrice des mères (humaines et animales) et de leurs enfants. Dans certains sanctuaires, comme Brauron, elle préparait les jeunes filles au mariage et à la maternité.

Apollon étant le dieu du Soleil, Artémis est la déesse de la Lune, même si elle est plus connue comme la déesse de la Chasse. En effet, elle court les bois, un arc à la main, les flèches toujours prêtes.
Parfois cruelle, elle exigera le sacrifice d'Iphigénie, la fille d'Agamemnon, afin que la flotte grecque puisse partir vers Troie, qu'elle protège. Agamemnon l'aurait offensée, et la déesse est rancunière. Heureusement, dans certains écrits, Artémis aurait remplacé au dernier moment Iphigénie par une biche.

La vierge déesse, qui entend le rester, sait aussi être cruelle avec les hommes – Actéon, simplement pour l'avoir vue nue, sera ainsi changé en cerf et déchiqueté par ses chiens (cf. Chapitre 4) – comme avec ses compagnes cédant à l'amour – telle Callisto (cf. Chapitre 3).

CARTE D'IDENTITÉ D'ARTÉMIS

Fonction principale : déesse de la Chasse et de la Lune
Nom latin : Diane
Père : Zeus
Mère : Léto
Jumeau : Apollon
Animal : le cerf, ou le chien
Arbre : le cyprès
Représentation : un arc à la main et/ou un carquois sur l'épaule, accompagnée d'un cerf ou d'un chien, avec un diadème en forme de croissant de lune
Caractéristique : indépendante ne supportant aucun homme

ATHÉNA

la chouette déesse de la Guerre et de l'Intelligence

Métis, la Ruse, est la première épouse de Zeus. Un jour, elle tombe enceinte. Comme Zeus craint, selon les dires de Gaïa et d'Ouranos dans la *Théogonie* d'Hésiode, qu'un de ses enfants ne le détrône, à l'image de ce qui est arrivé à son père (cf. Introduction), il décide de... ruser. Pour cela, il demande à sa femme, qui a le pouvoir de se transformer, de devenir une lionne, ce qu'elle fait, puis une goutte d'eau, ce qu'elle fait également. C'est là que Zeus l'avale. Ce faisant, la Ruse est désormais incorporée à Zeus, qui ne craint plus personne.

Quelque temps plus tard, Zeus a très mal à la tête. Il appelle au secours Héphaïstos, qui, à l'aide d'une hache, lui fend le crâne d'où sort, casquée et armée, sa fille Athéna, déjà adulte.

Fille préférée de son père, à qui elle a pourtant causé un sacré mal de tête, Athéna est la déesse de la Sagesse et de la Guerre. On la surnomme la déesse aux yeux pers (variété de bleu).

Elle semble préférer protéger les femmes, cette déesse aidera plusieurs héros, comme Héraclès, Persée et Ulysse (cf. Chapitre 5). Malheur cependant à celui qui osait violer son intimité, comme le devin Tirésias (cf. Chapitre 6), qu'elle rendit pour cela aveugle, selon une version.

Elle s'oppose à Arès, dieu de la Guerre, qui fonce, alors qu'elle use pour sa part de stratégie.

Elle est également la protectrice d'Athènes, qui a préféré son présent - l'olivier - à celui de Poséidon - une source d'eau salée. Sage décision ! Athéna ne cessera en effet pas de défendre la cité et d'y promouvoir l'artisanat et l'agriculture.

Elle donnera également aux humains le mors et la bride, pour leur apprendre à dresser les chevaux.

Pendant la guerre de Troie, elle soutiendra les Grecs.

LE PARTHÉNON

Le Parthénon, situé sur l'acropole d'Athènes, est consacré à Athéna. Parthénos, en grec, signifie « vierge », comme l'était la déesse. Le Parthénon, à Athènes, est donc le « temple de la vierge ».

CARTE D'IDENTITÉ D'ATHÉNA

Fonction principale: déesse de l'Intelligence et de la Guerre
Nom latin: Minerve
Père: Zeus
Mère: Métis (la Ruse)
Ennemi juré: Arès
Animal: la chouette
Ville: Athènes
Représentation: casquée, avec une lance et l'égide, donnée par Zeus, un bouclier en peau de chèvre sur lequel Athéna a placé la tête d'une Gorgone, Méduse (cf. Chapitre 6)
Caractéristiques: sage

APHRODITE

l'infidèle déesse de l'Amour

Quand Cronos, avec l'aide de sa mère, Gaïa, a émasculé son père, Ouranos (cf. Introduction), le membre de ce dernier est tombé à la mer. Après avoir flotté un moment, son écume finit par se mélanger avec l'écume (*aphros*, en grec) de la mer, donnant peu à peu naissance à la belle Aphrodite. Suivie d'Éros, dont la tradition fait son fils, et d'Himéros (le Désir), elle atteint Cythère puis Chypre, ses plus anciens sanctuaires. Les dieux, chez qui elle est conduite, sont époustouflés par sa beauté.

CARTE D'IDENTITÉ D'APHRODITE

Fonction principale: déesse de l'Amour
Nom latin: Vénus
Époux: Héphaïstos
Amants célèbres: Arès, Anchise, Adonis
Fils célèbres: Énée, Priape
Fils attribué: Éros
Animal: la colombe
Fleur: la rose
Arbre: le myrte
Représentation: nue, belle…, avec une ceinture, parfois un miroir à la main: «Miroir, mon beau miroir, dis-moi qui est la plus belle?»
Caractéristique: elle représente pour chacun la femme idéale
Adjectif associé: aphrodisiaque

À noter que, pour Homère, elle est la fille de Zeus et de Dioné.

Bien évidemment, pas facile de choisir un mari quand on est la plus belle des belles. C'est finalement l'affreux Héphaïstos (cf. Chapitre 1) qui aura l'insigne honneur de devenir le mari de la déesse. Mais cette dernière le trompera à tout va, avec des dieux comme Arès, ou des mortels comme Adonis et Anchise (cf. Chapitre 4), de qui elle aura Énée (cf. Chapitre 5). La Belle et la Bête, c'est bien joli, mais ça ne dure pas forcément.

Bien évidemment également, c'est à elle que Pâris donnera la pomme d'or sur laquelle la Discorde avait écrit «à la plus belle», sans préciser de quelle déesse il s'agissait. Il faut dire que, pour le convaincre de lui donner la pomme, Aphrodite lui promettra l'amour de la plus belle des mortelles: Hélène (cf. Chapitre 7).

Peu intéressée par les combats des humains, dont elle ne se mêle pas, cette douce déesse peut néanmoins envoyer une passion venimeuse dans le cœur des hommes, et des femmes, surtout quand ils se détournent d'elle ou qu'elle les poursuit, eux et leur progéniture, de sa haine. Ainsi, la haine qu'elle ressent pour Hélios, qui a révélé sa liaison avec Arès, se transmet sur sa fille, Pasiphaé, la mère de Phèdre, qui s'accouplera avec un taureau.

LES ARTS

Un tableau célèbre a immortalisé la naissance de la déesse de l'Amour: *La Naissance de Vénus*, de Botticelli, peint vers 1480. On y voit Aphrodite (Vénus en latin), les cheveux longs trempés, arriver au rivage debout dans un coquillage. Des fleurs de myrte, son arbre, tombent du ciel. À gauche, le dieu Zéphyr souffle pour la faire avancer.

DES DÉESSES MOINS IMPORTANTES

Certaines déesses, quoique moins importantes, jouent cependant un rôle capital dans quelques histoires, comme Perséphone et Éris.

PERSÉPHONE

la sévère reine des Ombres

Perséphone est la fille de Déméter. Zeus, sans le dire à sa mère, l'a promise à Hadès, le maître des Enfers. Ce dernier s'impatientant, il enlève la jeune fille. Désespérée, Déméter rend la terre stérile. Zeus intervient pour faire cesser cette catastrophe, et Perséphone est finalement rendue à sa mère quelques mois par an (cf. Chapitre 1). Pour connaître l'histoire dans ses moindres détails, rendez-vous au Chapitre 3.

CARTE D'IDENTITÉ DE PERSÉPHONE

Fonction principale: reine des Enfers
Premier nom: Coré (la jeune fille), fille de Déméter (la mère)
Nom latin: Proserpine
Père: Zeus
Mère: Déméter
Époux: Hadès
Représentation: assise aux côtés de son époux, parfois un flambeau et un pavot à la main, l'air sévère
Caractéristique: pas commode plusieurs mois par an!

Perséphone devient donc l'épouse d'Hadès. Elle règne à ses côtés et le soutient dans toutes ses décisions. Son séjour sous terre l'a rendue sombre et sévère.
Quand elle est avec son mari, il fait froid et rien ne pousse. Quand elle est avec sa mère, il fait bon et tout germe.

ÉRIS

la Maléfique de la mythologie gréco-romaine

En grec, *éris* signifie la discorde. Éris est donc la déesse de la Discorde.

Cette déesse, chassée de l'Olympe en raison de la mauvaise ambiance qu'elle y mettait, est célèbre pour être à l'origine de la guerre de Troie. Furieuse de ne pas avoir été invitée au mariage de Pélée et de Thétis, elle va en effet se venger, comme la fée Carabosse dans la *Belle au bois dormant*. Pour cela, elle jette dans l'assemblée une pomme d'or sur laquelle est écrit: « à la plus belle ». Aussitôt, la discorde s'installe entre les déesses Héra, Aphrodite et Athéna, chacune revendiquant la pomme. Pour la suite, direction le Chapitre 7.

Éris, qui désunit, s'oppose à Éros, qui unit. Éris provoque les conflits, les désaccords et les querelles en tout genre.

Mais, comme souvent, cette divinité est double, et elle figure aussi l'Émulation, à laquelle Zeus va faire appel lors de la guerre de Troie pour redonner de la vigueur aux combattants:

Et Zeus envoya Éris vers les nefs rapides des Akhaiens, portant dans ses mains le signe terrible de la guerre. Et elle s'arrêta sur la nef large et noire d'Odysseus, qui était au centre, pour que son cri fût entendu de tous côtés, depuis les tentes du Télamônien Aias jusqu'à celles d'Akhilleus ; car ceux-ci, confiants dans leur courage et la force de leurs mains, avaient placé leurs nefs égales aux deux extrémités du camp. De ce lieu, la Déesse poussa un cri retentissant et horrible qui souffla au cœur de chacun des Akhaiens un ardent désir de guerroyer et de combattre sans relâche. Et, aussitôt, la guerre leur fut plus douce que le retour, sur les nefs creuses, dans la terre bien-aimée de la patrie (*Iliade*, XI, 3-14, traduction de Leconte de Lisle).

CARTE D'IDENTITÉ D'ÉRIS

Fonction principale: déesse de la Discorde
Frère supposé selon l'*Iliade*: Arès, qu'elle accompagne sur le champ de bataille (cf. Chapitre 1)
Enfants: la Faim, la Peine, le Meurtre… bref, que des choses désagréables
Représentation: la chevelure hérissée de serpents entourée de bandelettes ensanglantées selon Virgile ; une pomme à la main
Expression associée: la pomme de discorde (le sujet du désaccord)

CHAPITRE

3

LES AMOURS DES DIEUX

Les amours des dieux sont innombrables, et pour cause : de sexe masculin, puissants, parfois très beaux, les dieux pensent que chaque mortelle et mortel peuvent succomber à leurs charmes, mais c'est rarement le cas !

LES AMOURS DE ZEUS

En tête des séducteurs invétérés, Zeus. Déesses, mortelles, nymphes... peu lui importe, du moment que la beauté est au rendez-vous. Et même la menace d'être surpris par son épouse légitime Héra ne freine pas ses ardeurs. C'est dire...

AVEC DES DIVINITÉS OU DES ASSIMILÉES

ZEUS ET LÉTO
naissance de jumeaux célèbres

Léto est une fille de Titans (cf. Introduction). Zeus en tombe amoureux et elle tombe enceinte du dieu. En homme faible craignant le courroux de son épouse légitime, Héra, il abandonne sa maîtresse sur le point d'accoucher.
Héra, furieuse, ayant interdit à toute terre d'accueillir la maîtresse de son mari, Léto se voit donc refuser partout l'hospitalité pour accoucher. Elle finit par trouver un havre de paix à Ortygie (Délos), une île alors flottante. Après neuf jours de souffrance, elle donne naissance à des jumeaux: Artémis et Apollon. C'est sur cette île que se trouve un sanctuaire d'Apollon, qui y serait donc né.
Ses enfants lui témoigneront à jamais un amour filial infaillible: Apollon tuera le serpent Python envoyé par Héra, qui avait persécuté sa mère enceinte, et les jumeaux massacreront à coups de flèches les enfants de Niobé, laquelle avait eu le malheur de se dire plus féconde que leur mère.

CONSTAT D'ADULTÈRE

Homme adultère: Zeus
Femme: Léto (Latone en romain)
Enfants: Artémis et Apollon

LE BASSIN DE LATONE À VERSAILLES

Un bassin consacré à Latone se trouve dans le parc du château de Versailles. Il représente la rencontre de Latone avec les paysans de Lycie, qui lui refusent l'accès à une source, qu'ils troublent, alors qu'elle est assoiffée et que ses mamelles sont taries. Furieuse, Latone les transforme en grenouilles : « La colère de Latone lui fait oublier sa soif ; et, sans descendre plus longtemps à des prières indignes de la majesté des dieux, elle élève ses mains vers le ciel et s'écrie : "Vivez donc éternellement dans la fange des marais !" Déjà, ses vœux sont accomplis. Ils se plongent dans les eaux. Tantôt ils disparaissent dans le fond de l'étang ; tantôt ils nagent à sa surface. Souvent ils s'élancent sur le rivage ; souvent ils sautent dans l'onde ; et, sans rougir de leur châtiment, ils exercent encore leur langue impure à l'outrage ; et même sous les eaux, on entend leurs cris qui insultent Latone. Mais déjà leur voix devient rauque, leur gorge s'enfle, leur bouche s'élargit sous l'injure, leur cou disparaît ; leur tête se joint à leurs épaules ; leur dos verdit, leur ventre, qui forme la plus grande partie de leur corps, blanchit ; et changés en grenouilles, ils s'élancent dans la bourbe du marais » (Ovide, *Les Métamorphoses*, VI).

ZEUS ET IO
l'épopée d'une vache

Un jour, Zeus voit la nymphe Io revenir des bords du fleuve de son père. Aussitôt, il tombe sous son charme et lui enjoint de le suivre. Mais Io ne l'entend pas ainsi et prend la fuite. Elle ne sait pas encore qu'il est impossible d'échapper au roi des dieux qui, « couvrant au loin la terre de ténèbres, arrête la fuite de la nymphe et triomphe de sa pudeur ». Mais Héra, toujours aux aguets, remarque les épais nuages qui ne s'élèvent ni du fleuve ni du sein de la terre humide. Flairant aussitôt quelque chose de suspect, elle fait disparaître les nuages. De son côté, Zeus, se doutant que son épouse ne tarderait pas à comprendre sa manœuvre, vient de transformer Io en belle génisse. Héra ne peut donc qu'admirer la beauté d'une vache, qu'elle demande à son mari, se doutant du stratagème, de lui donner. Zeus n'a pas d'autre solution que d'accepter.

Héra, craignant son mari et ses artifices, décide de confier la génisse à la garde d'Argos, un monstre aux cent yeux dont deux se ferment et dorment, tandis que les autres restent ouverts. Io ne peut donc échapper à la vigilance d'Argos.

De son côté, le maître des dieux cherche un moyen de délivrer la belle génisse. Comme à son habitude, il demande de l'aide à son fidèle Hermès (cf. Chapitre 1): ne pourrait-il pas se débarrasser d'Argos? Hermès, toujours prêt à seconder son père, quitte aussitôt l'Olympe pour accomplir cette tâche.

CONSTAT D'ADULTÈRE

Homme adultère: Zeus
Femme : la nymphe Io, qui sera transformée en génisse

LES OCELLES DU PAON

Quand Héra découvre qu'Argos est mort, elle recueille ses yeux et les place sur les plumes de l'oiseau qui lui est consacré: le paon. Voilà l'origine des ocelles, des taches arrondies en forme d'œil qui ornent les plumes de l'oiseau.

Pour ce faire, il se déguise en berger, s'approche d'Argos et joue de la flûte dans l'espoir d'endormir le monstre, ce qui finit par arriver. Sans attendre, il tranche la tête d'Argos, qui roule sur le rocher. Io est enfin libre.
Pas pour longtemps. En effet, quand Héra découvre les faits, elle fait divaguer la génisse, qui finit par arriver en Égypte, où elle implore Zeus de lui prêter assistance. Ce dernier, après avoir juré à sa femme que Io ne serait plus jamais un sujet de discorde entre eux, rend à la génisse sa forme première.
Cette version est celle racontée dans *Les Métamorphoses* d'Ovide, livre I.

DESCENDANCE D'ARGOS

Argos – Argus en latin – est à l'origine de plusieurs mots et expressions.

- L'argus est le nom d'une revue donnant des renseignements spécialisés à qui rien n'est censé échapper, comme Argos. C'est aussi le nom d'une publication indiquant la cote des voitures d'occasion.
- La balise Argos est un système installé sur les navires, les animaux… Elle permet de toujours savoir où ils sont, comme Argos savait le faire.

ZEUS ET CALLISTO
création de la Grande et de la Petite Ourse

Zeus est en train de parcourir la vaste enceinte des cieux quand il aperçoit une nymphe du nom de Callisto. Aussitôt, « l'amour enflamme ses désirs ». Le souci, c'est que Callisto fait partie de la suite d'Artémis, la chaste déesse de la Chasse, qui interdit à ses compagnes de tomber amoureuses (cf. Chapitre 2). Zeus imagine donc une nouvelle fois un stratagème pour tromper la belle, sachant qu'elle ne succombera pas à ses avances, et du même coup son épouse légitime, Héra.

Prenant les habits et les traits d'Artémis, il s'approche de Callisto, ravie de voir arriver la déesse. « Je vous salue, ô divinité que je préfère à Jupiter, et qu'en sa présence même, j'oserais mettre au-dessus de lui ! » lui dit-elle. Zeus, qui sourit en son for intérieur, s'approche, embrasse la nymphe et s'éprend d'elle.. Quand la nymphe comprend ce qui lui est arrivé, c'est le drame. Les autres nymphes et la véritable déesse Artémis ne doivent en aucun cas savoir ce qui s'est passé. Humiliée, Callisto « n'ose plus, comme autrefois, prendre sa place à côté de la déesse, ou marcher à la tête de ses compagnes. Elle garde le silence ; elle rougit, et sa confusion annonce l'outrage fait à sa pudeur. » Sans compter qu'il lui faut cacher son ventre qui s'arrondit doucement.

Un jour qu'Artémis propose aux nymphes de se baigner avec elle, elle découvre la vérité. Furieuse, la déesse chasse la nymphe. Héra, pour sa part, était au courant de l'infidélité de son mari. Mais quand elle découvre que la nymphe a donné naissance à un enfant, Arcas, elle décide de se venger. C'en est trop. Pour cela, elle transforme la jeune femme en... ourse, tout en lui laissant sa raison. L'ourse Callisto ne peut que gémir sur son sort et fuir les chasseurs, et même les vrais ours...

Quinze ans plus tard, Arcas, ignorant le sort survenu à sa mère, tombe sur elle un jour de chasse. Callisto, qui le reconnaît, le fixe ardemment. Troublé, il est malgré tout sur le point de la tuer de ses flèches quand Zeus, « commandant aux vents légers d'enlever rapidement, dans le vague des airs, et la mère et le fils, les place dans le ciel, où ils forment deux astres voisins ».

Cette version est celle d'Ovide. Dans d'autres versions, c'est Zeus qui change Callisto en ourse, Artémis qui la tue...

CONSTAT D'ADULTÈRE

Homme adultère: Zeus
Femme: la nymphe Callisto, qui sera transformée en ourse
Enfant: Arcas
Postérité: constellations de la Grande Ourse et de la Petite Ourse

GRANDE ET PETITE OURSE

Voilà selon Ovide, qui raconte la scène au livre II des *Métamorphoses*, l'origine des constellations de la Grande Ourse (Callisto) et de la Petite Ourse (Arcas). Héra, furieuse que sa rivale soit montée au ciel, ayant pour sa part exigé que ces constellations ne puissent se coucher dans l'Océan, la Grande et la Petite Ourse sont donc les seules à toujours rester au-dessus de l'horizon.

AVEC DES MORTELS

Zeus jette aussi son dévolu sur des mortels. « Mortels », parce qu'un homme va également réussir à séduire le maître de l'Olympe, ouvert à toutes les aventures.

ZEUS ET EUROPE
une histoire de taureau

Europe est la fille d'un roi de Phénicie. Un jour qu'elle s'amuse dans les prairies au bord de la mer avec ses amies, Zeus la remarque du haut de l'Olympe. Pour ne pas être pris en flagrant délit d'adultère par la redoutable Héra, bien que cette dernière soit absente à ce moment-là, il décide de se transformer en taureau. Pas un taureau bas de gamme, mais un magnifique taureau blanc aux cornes petites et polies imitant l'éclat des perles les plus pures, qui ne tarde pas à capter l'attention de la jeune Europe. D'abord hésitante, elle finit par le toucher, le flatter, le caresser et même monter dessus... Aussitôt, le dieu emporte sa proie en fendant les flots. Europe s'agrippe. Les deux atteignent finalement la côte de Crète, où Zeus reprend son apparence et met enceinte Europe.

UN DES CONTINENTS

En souvenir d'Europe, qui a fait un long voyage depuis la Phénicie, on aurait donné son nom à l'une des parties du monde, avec l'Afrique, l'Amérique, l'Asie, l'Océanie…

Europe donnera naissance à plusieurs enfants de Zeus, dont deux sont célèbres : Minos (cf. Chapitre 5) et Rhadamanthe, qui deviendront juges des Enfers.
Cette histoire est racontée par Ovide dans *Les Métamorphoses*, II et III.

CONSTAT D'ADULTÈRE

Homme adultère : Zeus
Femme : Europe, fille de roi
Enfants célèbres : Minos et Rhadamanthe
Postérité : un continent

ZEUS ET LÉDA
une affaire de cygne

Léda est la jeune épouse du roi de Tyndare. Un jour que la belle jeune femme se baigne, elle aperçoit un magnifique cygne blanc poursuivi par un aigle. N'écoutant que son bon cœur, elle lui ouvre les bras, sans se douter un seul instant qu'il s'agit de Zeus, métamorphosé pour approcher celle qu'il envie depuis quelque temps. En moins de temps qu'il ne faut pour le dire, le cygne l'enveloppe de ses ailes et s'éprend d'elle.

Quelques mois plus tard, Léda pond deux (ou un) œufs énormes (normal quand on s'est unie avec un cygne) dont sortent deux garçons et deux filles : Castor et Pollux (également appelés les Dioscures, cf. Chapitre 5) ; Hélène (de Troie, cf. Chapitre 7) et Clytemnestre. Comme Léda s'était unie le même jour avec son mari, bien malin qui saura qui sont les enfants de Zeus et ceux du roi de Tyndare, même si la version la plus admise est que Castor et Clytemnestre sont enfants de Tyndare, donc de simples mortels, et Pollux et Hélène enfants de Zeus.

CONSTAT D'ADULTÈRE

Homme adultère : Zeus
Femme : Léda, femme de roi
Enfants célèbres : Hélène et Pollux

ZEUS ET SÉMÉLÉ
qui est sorti de la cuisse de Jupiter ?

Zeus et Sémélé, la fille du fondateur de Thèbes, sa nouvelle maîtresse, attendent un enfant. Furieuse, Héra, la femme de Zeus, prend les traits de la nourrice de Sémélé et lui rend visite. Quand la jeune femme lui parle de son divin amant, Héra insinue le doute dans son esprit : «Je souhaite que votre amant soit en effet Zeus lui-même; mais enfin je crains tout. Plus d'un mortel osa se servir du nom des dieux pour tromper des vierges innocentes.» Pire, elle pousse Sémélé à demander à Zeus de se montrer à elle avec tout l'appareil de sa grandeur. Zeus, qui a promis à sa chérie de lui donner ce qu'elle voudra, obéit, sachant très bien ce qui va se passer. Une simple mortelle ne peut en effet soutenir son éclat immortel. Comme il le craignait, dès qu'il se présente devant Sémélé avec sa foudre et ses éclairs, cette dernière se consume dans ses bras... Zeus a juste le temps de retirer de son ventre l'enfant et de le renfermer dans sa cuisse à lui. Quelque temps plus tard, l'enfant sort de la cuisse de Zeus, père porteur avant la lettre. Dionysos, le dieu du Vin, est né.

Cette version est celle d'Ovide (*Les Métamorphoses*, III).

CONSTAT D'ADULTÈRE

Homme adultère: Zeus
Femme: Sémélé
Enfant: Dionysos, dieu du Vin
Expression associée: se croire sorti de la cuisse de Jupiter (se croire exceptionnel)

ZEUS ET ALCMÈNE
une étrange ressemblance

Sosie est le serviteur d'Amphitryon, un général romain marié à Alcmène, dont Jupiter remarque la beauté. Sachant qu'elle est réputée fidèle à son mari, il imagine un plan pour arriver à ses fins.

Profitant de l'absence d'Amphitryon, il se rend dans la maison du couple, accompagné de Mercure, le fidèle compagnon de ses aventures extraconjugales. Jupiter prend l'apparence d'Amphitryon et Mercure celle de Sosie. Alcmène, toute contente de retrouver son mari, qui ne devait pas revenir si vite, passe la nuit (qui durera en fait plusieurs jours, Jupiter ayant demandé au Soleil de ne pas apparaître) avec Jupiter, pensant la passer avec son mari.

Quand le vrai Amphitryon revient, Alcmène manifeste moins d'empressement, pensant l'avoir vu peu de temps auparavant. Le mari comprend qu'il a été trompé. Trop tard !

L'union d'Alcmène et de Zeus donnera naissance à l'un des héros les plus célèbres, qu'Héra poursuivra de sa vengeance: Héraclès (cf. Chapitre 5).

ARTS

- La version ci-dessus est celle racontée par Molière au XVIIe siècle dans une comédie, *Amphitryon*. Il y imagine la rencontre entre Mercure, qui a pris l'apparence de Sosie, et le vrai Sosie, qui n'y comprend rien. Sosie, après avoir été roué de coups par Mercure, finit par s'enfuir. L'auteur latin Plaute avait déjà mis en scène cette histoire avant lui.
- Jean Giraudoux a pour sa part écrit en 1929 *Amphitryon 38*, la prétendue 38e version du mythe. Il y fait intervenir Léda, une ancienne maîtresse de Zeus (cf. plus haut) à qui Alcmène demande de la remplacer une nuit dans le lit de Zeus pour ne pas coucher avec lui. Mais, en fait, Léda va passer la nuit avec… Amphitryon, et Alcmène avec Zeus. On n'échappe pas à son destin.

CONSTAT D'ADULTÈRE

Homme adultère: Jupiter
Femme: Alcmène
Enfant: Héraclès

ZEUS ET DANAÉ
tiens, il pleut de l'or

Un oracle lui ayant prédit que son petit-fils le tuerait, le roi d'Argos décide d'enfermer Danaé, sa fille, dans une tour d'airain. Comme cela, se dit-il, aucune chance qu'elle ait un enfant. C'est compter sans la toute-puissance de Zeus, qui aime la jeune fille… Un jour, une pluie d'or tombe du ciel sur la princesse. C'est bien évidemment Zeus qui a pris cette forme pour s'en prendre à la jeune fille. Neuf mois plus tard, Danaé donne naissance à un beau garçon, Persée. Difficile de cacher cette naissance au roi, qui finit par découvrir la vérité. Terrifié par cette nouvelle qui lui rappelle le sort qui lui est promis et ne croyant pas sa fille, certaine que le père est Zeus, il place sa fille et son petit-fils dans un coffre, qui est jeté au large. « Comme cela, se dit-il, ils périront, mais ce ne sera pas de ma main. » Encore une fois, il se trompe. Pour en savoir plus, direction l'histoire de Persée au Chapitre 5.

CONSTAT D'ADULTÈRE

Homme adultère: Zeus
Femme: Danaé
Enfant: Persée

ZEUS ET GANYMÈDE
un serveur pas comme les autres

Ganymède est un prince troyen à la beauté ensorcelante. Zeus, qui l'a remarqué, se transforme en aigle pour l'enlever. Il en fait son amant et le conduit sur l'Olympe, où Ganymède, devenu immortel, a désormais pour tâche de servir à boire aux immortels. Il est désormais l'échanson des dieux, fonction qui revenait auparavant à Hébé, fille de Zeus et d'Héra (Junon).

Cette histoire tient en quelques lignes dans *Les Métamorphoses* d'Ovide, X: «Jadis, le roi des immortels aima le beau Ganymède. Dès lors, à l'éclat de son rang, il eût préféré l'humble condition des mortels. Il prend la forme trompeuse de l'oiseau qui porte son tonnerre; et soudain, fendant les airs, il enlève le jeune Phrygien, qui lui sert d'échanson dans l'Olympe, et verse le nectar dans sa coupe, en dépit de Junon.»

CONSTAT D'ADULTÈRE

Homme adultère: Zeus
Homme: Ganymède

LES AMOURS D'APOLLON

Comme il est le plus beau des dieux, on pourrait penser qu'Apollon a eu toutes les mortelles et toutes les déesses qu'il voulait, mais non... Comme disait Stendhal au XIXe siècle, « la beauté n'est que la promesse du bonheur ». Sieur Apollon connaîtra donc des amours malheureuses.

APOLLON ET DAPHNÉ
la vengeance de Cupidon

Un jour, Apollon se moque de Cupidon, le dieu de l'Amour (cf. Chapitre 1) qui, furieux, fomente une vengeance. Ni une ni deux, il envoie une flèche d'or sur Apollon pour qu'il tombe amoureux d'une jeune fille, et une flèche de plomb sur la jeune fille pour qu'elle rejette l'amour du dieu. Il ne fallait pas se moquer de lui...

La jeune fille en question est une nymphe nommée Daphné, qui a décidé de vivre sans amant, comme la déesse qu'elle vénère, Artémis. Elle repousse donc le dieu Apollon, qui, depuis que Cupidon lui a décoché une flèche d'or, pense à elle jour et nuit.

Un jour qu'Apollon suit Daphné, cette dernière se met à courir pour l'éviter. Désespérée, sentant Apollon sur le point de la saisir, elle appelle à l'aide son père, le dieu-fleuve Pénée, qui accourt. Ce dernier décide de barrer la route à ce diable d'Apollon et, pour protéger sa fille qui chancelle, il ne trouve rien de mieux à faire que de la transformer en arbre, et plus précisément en laurier. Pourquoi en laurier ? Parce qu'en grec, le laurier se dit... daphné ! Apollon n'a plus qu'un arbre à enlacer ! Cupidon est vengé...

Déçu, mais beau joueur, Apollon fait du laurier son arbre et prend l'habitude de s'en couronner. Voilà pourquoi les peintres et les sculpteurs le représentent ceint d'une couronne de laurier.

CONSTAT D'ADULTÈRE

Pas de constat d'adultère pour cette histoire racontée dans *Les Métamorphoses* d'Ovide, ainsi que pour les suivantes, Apollon n'étant pas marié.

APOLLON ET HYACINTHE
un amour fauché par la mort

Apollon et Hyacinthe, le fils du roi de Sparte, sont inséparables. Apollon déserte l'Olympe pour rester avec son bel ami/amant.

Un jour, les deux amis décident de s'entraîner au lancer de disque. Honneur au dieu du Soleil, qui commence: «Il [le disque] fend la nue, semble longtemps s'y perdre, retombe enfin sur la terre, et prouve du dieu l'adresse et la vigueur.» C'est alors que Hyacinthe s'élance pour saisir le disque bondissant, mais «la terre le [le disque] repousse, il va frapper son front». Hyacinthe s'écroule, mort. Apollon, inconsolable, décide que son ami sera désormais immortel, sous la forme d'une fleur qui renaît chaque année, la jacinthe:

Tandis que le dieu parle encore, le sang qui rougit l'herbe n'est plus du sang. C'est une fleur plus brillante que la pourpre de Tyr; elle offre du lis et la forme et l'éclat. Mais le lis est argenté, et l'hyacinthe en diffère par la couleur. Apollon (car il fut l'auteur de cette métamorphose) trace lui-même sur l'hyacinthe le cri de ses regrets, et ces lettres Aï, Aï, sont gravées sur cette fleur.

Cette version est celle racontée au livre X des *Métamorphoses* d'Ovide. Dans une autre version, c'est Zéphyr, le Vent, lui aussi amoureux de Hyacinthe, qui détourne le disque.

APOLLON ET CASSANDRE
encore un râteau pour Apollon, qui se venge !

La belle Cassandre est une des filles du roi Priam. Pâris, qui déclenche la guerre de Troie en enlevant Hélène (cf. Chapitre 7), est donc son frère.

Selon une légende, Apollon remarque la jeune fille. Pour lui plaire, il lui offre le don de prophétie, qu'il a lui-même (cf. Chapitre 1). Mais Cassandre, une fois nantie de ce don, se refuse à lui. Pour se venger, ne pouvant lui retirer ce qu'il lui a offert, le dieu fait en sorte que personne ne la croie. Cassandre est donc condamnée à être une voyante que personne n'écoute. C'est ainsi qu'elle conseillera en vain aux Troyens de ne pas laisser entrer le cheval laissé par les Grecs, et que, plus tard, devenue la maîtresse d'Agamemnon - qu'elle doit épouser en partage à la fin de la guerre -, elle tentera sans succès de l'empêcher de retourner chez lui, connaissant le sort qui l'attend : la mort.

L'expression « jouer les Cassandre », qui signifie prédire des choses sans être cru, vient de là.

ARTS

Cette prophétesse, jamais prise au sérieux, a inspiré de nombreux artistes.

- Dans l'opéra *Les Troyens* d'Hector Berlioz, créé en 1863, elle joue un rôle important au début. Après la prise de Troie, elle se poignarde.
- Jean Giraudoux la fait parler dans sa pièce de théâtre intitulée *La guerre de Troie n'aura pas lieu*, où elle symbolise la lucidité en butte à l'ignorance. Cette pièce, écrite peu avant la Seconde Guerre mondiale, établit un parallèle entre la situation en Europe et celle de l'Antiquité juste avant la guerre de Troie (cf. Chapitre 7).

LES AMOURS DES AUTRES DIEUX

CUPIDON ET PSYCHÉ l'union de l'amour et de l'âme

L'auteur d'expression latine Apulée, dans *Les Métamorphoses* ou l'*Âne d'or*, raconte notamment l'histoire d'amour entre Cupidon, le dieu de l'Amour, et une fille de roi nommée Psyché (l'âme en grec).

Psyché est la plus belle des filles d'un roi. Elle est si belle que les mortels délaissent peu à peu les temples de la déesse Vénus pour honorer cette simple mortelle, ce qui n'est bien évidemment pas du goût de la déesse. Cette dernière, pour se venger, charge son fils Cupidon de rendre Psyché amoureuse d'un être vil.

Aucun prétendant ne demandant la main de sa fille cadette, le roi consulte l'oracle d'Apollon, qui lui demande de la déposer sur une colline, où un monstre viendra la chercher pour la prendre pour femme. Vénus semble donc avoir réussi. Dans les faits, un doux vent emporte Psyché, qui s'endort. Elle se réveille dans le plus beau des palais, où des serviteurs invisibles accèdent à tous ses désirs. La nuit, un inconnu, qui lui interdit de chercher à voir son visage, partage sa couche, mais sa tendresse et ses mots montrent que ce ne peut être en aucun cas un monstre. En fait, il s'agit de Cupidon, qui a désobéi aux ordres de sa mère.

Mais Psyché, poussée par ses sœurs, jalouses, cherche une nuit à voir son mari à l'aide d'une lampe à huile. Hélas pour elle, une goutte d'huile brûle Cupidon, qui se réveille et la rejette : « Amour ne peut vivre sans confiance », lui lance-t-il.

Désespérée, Psyché se met en route pour retrouver Cupidon. Elle va jusqu'à devenir la servante de Vénus, qui, pour la punir d'avoir blessé son fils, l'astreint à trois difficiles tâches, dont elle se sort grâce à des aides inattendues. La quatrième fois, la déesse lui enjoint de lui rapporter des Enfers un récipient contenant un peu de la beauté de Proserpine, la femme du dieu Pluton (cf. Chapitres 1 et 2). Psyché réussit mais – femme ne saurait faillir – ouvre la boîte sur le chemin du retour et s'endort aussitôt. Cupidon la réveille et replace le sommeil dans la boîte. Puis il monte sur l'Olympe supplier Jupiter de l'aider. Ce dernier fait goûter à Psyché l'ambroisie, qui la rend immortelle. Elle est désormais digne d'épouser Cupidon, ce qui arrange finalement les affaires de Vénus, à qui plus personne ne disputera le titre de « la plus belle ».

On dit que Cupidon et Psyché auraient eu une fille : Volupté. En d'autres termes, amour + âme = volupté. À méditer.

ACTE DE MARIAGE

Épouse : Psyché
Époux : Cupidon
Union : heureuse, mais attention à la belle-mère, Vénus…
Enfant : Volupté

HADÈS ET PERSÉPHONE
l'amour à mi-temps

Hadès, le sinistre dieu des Enfers, a du mal à trouver une femme. Qui voudrait en effet vivre sous terre ?

Un jour, il tombe amoureux de Perséphone, la fille de Déméter, la déesse du Blé et des Moissons (cf. Chapitre 2). Zeus lui aurait promis de la lui donner en mariage, sans en avertir ni l'intéressée ni sa mère. Quoi qu'il en soit, Zeus tardant à accomplir sa promesse ou Hadès étant certain d'être éconduit, le dieu des Enfers décide d'employer la manière forte et enlève Perséphone. Sa mère a à peine le temps d'entendre le cri de sa fille que cette dernière disparaît.

Déméter quitte aussitôt l'Olympe et se met sur terre à sa recherche. Pendant neuf jours, elle erre « tenant en mains des torches ardentes, et, dans sa douleur, ne goûtant ni à l'ambroisie ni au doux nectar, et ne baignant point son corps (hymne homérique à Déméter, traduction de Leconte de Lisle) ». Personne ne voulant lui dire ce qui est arrivé, elle supplie Hélios, le Soleil, de lui dire ce qu'il a vu. En apprenant que c'est Hadès qui a enlevé sa fille – que Zeus lui avait promise –, Déméter entre dans une colère noire. Elle quitte l'Olympe et, déguisée, se réfugie sur terre. Furieuse, elle ne s'occupe plus de la terre, qui ne produit plus rien. La famine s'installe. Inquiet, Zeus doit intervenir. Après avoir en vain tenté de ramener Déméter à de meilleurs sentiments, il envoie Hermès aux Enfers, charge à ce dernier de ramener la fille à sa mère. Mais Perséphone ayant mangé des graines de grenade, elle appartient désormais au monde des Enfers. Afin de concilier les choses, une solution est trouvée : Perséphone restera un tiers de l'année avec Hadès, et les deux autres tiers avec sa mère (ou moitié, moitié, cela dépend des textes). Cette version est celle de l'hymne homérique à Déméter.

Quand Perséphone, symbole du blé, est sous terre avec son mari, rien ne pousse, il fait froid et Déméter est triste ; quand elle est avec sa mère, tout pousse, il fait bon et Déméter est heureuse.

ACTE DE MARIAGE

Épouse : Perséphone, fille de Déméter
Époux : Hadès, dieu des Enfers
Union : à mi-temps, ou à tiers-temps, selon les versions…

PAN ET SYRINX
histoire de flûte

C'est en racontant l'histoire d'« amour » entre Pan et Syrinx qu'Hermès réussit à endormir le monstre Argos aux cent yeux, qui retient Io prisonnière. Cet épisode figure donc également au livre I des *Métamorphoses* d'Ovide.

Pan, l'horrible dieu aux cornes et aux pattes de bouc (cf. Chapitre 1), aime poursuivre les jolies nymphes, qui le repoussent sans cesse. Un jour, il tombe amoureux de l'une d'elles, Syrinx, qui a consacré sa virginité à la chaste déesse de la chasse, Artémis/Diane. Il s'adresse à elle mais, dès qu'elle le voit, cette dernière fuit jusqu'aux rives sablonneuses du fleuve Ladon. Là, elle appelle au secours les autres naïades et se jette dans le fleuve. Pan, croyant saisir la nymphe, n'embrasse en fait que des roseaux. Syrinx a en effet été transformée en roseau (syrinx, en grec). Pan remonte sur la berge couverte de roseaux, qui, « agités par les vents, rendent un son léger, semblable à sa voix plaintive ». Charmé par ce son, le dieu coupe des roseaux d'inégale longueur, les unit avec de la cire, formant ainsi l'instrument qui porte le nom de celle qui s'est refusée à lui : la syrinx, plus connue sous le nom de flûte de Pan.

CHAPITRE

4

LES AMOURS DES DÉESSES

Le chapitre 4, consacré aux amours des déesses, sera court, et pour une bonne raison : trois des principales déesses sont vierges, ce qui, évidemment, limite les choses…

LES AMOURS D'APHRODITE

La plus belle des déesses a eu des amours multiples, aussi bien avec des dieux qu'avec de simples mortels. Il faut dire qu'il était difficile de lui résister.

AVEC DES DIEUX

APHRODITE ET HÉPHAÏSTOS
l'union de la Belle et de la Bête

Version 1 : Zeus décide

Quand Aphrodite (cf. Chapitre 2), à peine sortie de la mer, arrive sur l'Olympe, les dieux s'extasient. Quelle beauté ! Ils en feraient tous bien leur femme, ou au moins leur maîtresse. Qui lui donner comme époux ? Le choix semble cornélien. Or rappelez-vous : Héphaïstos, le dieu boiteux de la Forge (cf. Chapitre 1), a été jeté de l'Olympe par sa mère Héra, qui le trouvait trop moche. Pour se venger, il confectionne un trône magique en or pour sa méchante mère, qui s'y assoit sans se douter de ce qui l'y attend : elle ne peut plus se lever... Zeus est bien ennuyé, d'autant qu'Héphaïstos refuse de délivrer sa mère. Ce dernier finit par accepter, à condition de recevoir Aphrodite pour femme.
La Belle, qui n'a pas le choix, épouse donc la Bête. Mais elle est bien décidée à ne pas se laisser faire et à assouvir son amour pour... (cf. ci-dessous).

Version 2 : Aphrodite décide

Quand Aphrodite (cf. Chapitre 2), à peine sortie de la mer, arrive sur l'Olympe, les dieux s'extasient. Quelle beauté ! Ils en feraient tous bien leur femme, ou au moins leur maîtresse. Un seul ne semble pas tomber sous le charme de la déesse. Lequel ? Héphaïstos, le dieu de la Forge (cf. Chapitre 1), laid et boiteux, qui continue à travailler...
Évidemment, les avances des dieux énervent la déesse, et le manque d'intérêt d'Héphaïstos suscite son attention. Décidée à choisir le moins entreprenant, Aphrodite annonce aux dieux ébahis qu'elle se mariera avec le dieu de la Forge, Héphaïstos. La Belle épouse donc la Bête. Ils se marièrent et vécurent heureux le reste de leur vie ? Pas tout à fait...
En fait, Héphaïstos a beaucoup de travail et, rapidement, la Belle s'ennuie. Comme, en plus, Héphaïstos lui laisse le champ libre, elle ne tarde pas à avoir des aventures extraconjugales. Héphaïstos ferme les yeux jusqu'à ce qu'il apprenne que...

ACTE DE MARIAGE

Épouse : Aphrodite
Époux : Héphaïstos
Union : boiteuse...

APHRODITE ET ARÈS
la Belle et la Brute

Quelles que soient les vraies raisons du mariage d'Aphrodite et d'Héphaïstos, une des grandes amours de la déesse de l'Amour sera le frère de son mari, le dieu de la Guerre Arès (cf. Chapitre 1). Cette fois, c'est un peu l'union illégitime de la Belle et de la Brute, parce que question finesse, le dieu de la Guerre n'est pas très doué. Mais il a d'autres atouts : sa fougue, son ardeur…

Aphrodite cède donc à son beau-frère, qu'elle rencontre secrètement le plus souvent possible, et avec lequel elle aurait d'ailleurs eu plusieurs enfants : Phobos, Deimos… Mais, un jour, ils sont surpris par Hélios, le Soleil, qui se lève… Ni une ni deux, ce dernier s'empresse de prévenir Héphaïstos, qui n'entend pas se laisser cocufier ainsi sans réagir. Rira bien qui rira le dernier…

L'air de rien, il retourne dans sa forge, où il fabrique un filet invisible qu'il dépose sur le lit :

Vulcain place sur un billot une énorme enclume et forme des chaînes indestructibles et indissolubles, des chaînes qui lient éternellement. Quand il a terminé son œuvre artificieuse, il se rend, plein de colère, dans la chambre où était placée sa couche. Il entoure de liens les supports du lit et attache aux lambris supérieurs d'autres chaînes d'une finesse égale aux fils de l'araignée, et que nul ne pouvait apercevoir, tant ils étaient forgés avec adresse. Après avoir ainsi placé tous les liens autour de sa couche, il feint d'aller à Lemnos, ville superbe qu'il chérissait le plus parmi toutes les villes de la terre (Homère, *Odyssée*, chant VIII).

Croyant le mari parti, les amants se retrouvent et s'endorment. Au petit matin, quand ils veulent se lever, impossible. Ils sont pris dans les mailles du filet ! Leur honte s'accroît quand ils s'aperçoivent que les immortels se moquent d'eux. Comme il est toujours mieux de rire à plusieurs, Héphaïstos a en effet invité les dieux de l'Olympe à venir assister à la scène :

Bientôt arrivent et Neptune qui agite la terre, et Mercure le bienfaiteur des Hommes, et Apollon qui lance au loin les traits ; mais les déesses par pudeur restent dans leur palais. Les dieux, dispensateurs des biens, s'arrêtent sous les portiques ; aussitôt un rire inextinguible éclate au sein de la troupe immortelle lorsque les habitants de l'Olympe aperçoivent les chaînes forgées par Vulcain (Homère, *Odyssée*, VIII).

Arès se débat, pensant sans doute que sa force viendra à bout de ce maudit filet, mais rien n'y fait. Les dieux, eux, rient, sans songer à punir le coupable, conscients qu'ils pourraient (et aimeraient) être à sa place, comme le dit Hermès : « Entourez-moi de liens sans nombre et même trois fois plus forts, contemplez-moi tous ensuite, dieux et déesses, et je consens à dormir comme Mars auprès de la blonde Vénus. » Héphaïstos, à la demande de Poséidon, consent finalement à les libérer. Homère raconte que, vexés, les amants quittent l'Olympe : Arès pour Thrace et Aphrodite pour Chypre.

CONSTAT D'ADULTÈRE

Femme adultère : Aphrodite
Homme : le dieu Arès, frère du mari de la déesse
Enfants : Phobos, Deimos…
Peine infligée : être la risée de tout l'Olympe

AVEC DES MORTELS

Aphrodite a également jeté son dévolu sur quelques mortels, parmi lesquels Adonis et Anchise.

APHRODITE ET ADONIS
une histoire à variantes multiples

Version 1 : naissance de l'anémone (d'après Ovide, *Les Métamorphoses*, X)

Myrrha est amoureuse de son père, le roi. Elle réussit grâce à une ruse de sa servante à passer plusieurs nuits avec lui, sans qu'il la reconnaisse. Quand il découvre qu'il a couché avec sa fille, le roi saisit son épée et menace sa fille, qui s'enfuit et finit, avec l'aide des dieux, par se transformer en myrrhe. Mais comme elle était enceinte de son père, un enfant commence à grandir sous le tronc de l'arbre, dont il réussit à sortir. Ainsi naît Adonis, un garçon d'une grande beauté. Ne dit-on pas aujourd'hui d'un homme très beau que c'est un adonis ? Quoi de plus naturel alors que la plus belle des déesses, piquée qui plus est par erreur par une flèche de son fils Éros, l'Amour, ne tombe amoureuse de lui ?
Très éprise, la déesse néglige l'Olympe pour passer tout son temps avec son nouvel amant :

Elle préfère au ciel le bel Adonis. Elle le suit, elle l'accompagne en tous lieux : elle qui jusqu'alors aimant le repos, le frais et l'ombre des bocages, n'était occupée que des soins de sa beauté, que de la parure qui peut en relever l'éclat ; aujourd'hui, telle que Diane, un genou nu, la robe retroussée, elle erre sur les monts et sur les rochers ; elle court dans les bois, dans les plaines ; elle excite les chiens ; elle poursuit avec Adonis une timide proie, le lièvre prompt à fuir, le cerf aux bois rameux, le daim aux pieds légers ; mais elle craint d'attaquer le sanglier sauvage ; elle évite le loup ravisseur, l'ours par sa force terrible, et le lion qui se rassasie du carnage des troupeaux (Ovide, *Les Métamorphoses*, X).

Un jour que la déesse est absente, Adonis est tué par un sanglier, qu'il a blessé. La déesse, qui revient en toute hâte, le découvre baignant dans son sang, dont elle fait naître une fleur : l'anémone... Ainsi, Adonis renaît chaque année :

Elle dit, et arrose de nectar ce sang qui s'enfle, pareil à ces bulles d'air que la pluie forme sur l'onde. Une heure s'est à peine écoulée, il sort de ce sang une fleur nouvelle, que la pourpre colore, et qui des fruits de la grenade imite l'incarnat. Mais cette fleur légère, sur sa faible tige, a peu de durée ; et ses feuilles volent, jouet mobile du vent qui l'a fait éclore, et qui lui donne son nom.

CONSTAT D'ADULTÈRE

Femme adultère : Aphrodite
Homme : le mortel Adonis
Responsable : Éros
Nom lié : anémone

Version 2 : Aphrodite 2 (d'après *Apollodore*, Bibliothèque)

Furieuse après Smyrna, qui ne lui rend pas les honneurs qu'elle lui doit, Aphrodite lui inspire une passion coupable pour son père. Grâce à une ruse de sa servante, Smyrna réussit à passer plusieurs nuits avec lui. Quand il découvre qu'il a couché avec sa fille, le roi saisit son épée et poursuit sa fille, qui finit, grâce à l'aide des dieux, par se transformer en myrrhe. Mais, comme elle était enceinte de son père, un enfant sort de l'arbre neuf mois plus tard. Il est si beau qu'Aphrodite le prend dans ses bras et le confie à Perséphone (cf. Chapitre 2) pour qu'elle le cache. Mais cette dernière, tombée sous le charme du beau mortel, refuse bientôt de le rendre à la déesse de l'Amour, elle aussi amoureuse. Zeus, en bon arbitre des conflits entre dieux, doit intervenir. Il décide qu'Adonis passera un tiers de l'année avec Perséphone, un tiers avec Aphrodite et un tiers seul. Adonis choisit de passer ce dernier tiers avec Aphrodite, et on le comprend : entre la sévère reine des Enfers, la solitude ou la déesse de l'Amour, il n'y a pas photo. Hélas, un jour, Adonis est tué par un sanglier. Aphrodite en sera inconsolable (du moins un moment).

BONUS

Dans une autre version, qui a inspiré plusieurs peintres, c'est le dieu Arès, furieux qu'Aphrodite le trompe, qui se transforme en sanglier pour tuer Adonis. Bref, dans cette histoire, il y en a pour tous les goûts !

CONSTAT D'ADULTÈRE

Femmes adultères : Aphrodite
Homme : le mortel Adonis, tué par un sanglier

APHRODITE ET ANCHISE
ou La vengeance de Zeus

Zeus décide un jour de faire tomber Aphrodite amoureuse d'un mortel, et qui plus est d'un simple berger : Anchise. Certains disent que ce serait par vengeance, la déesse ayant repoussé ses avances ; d'autres qu'il voulait la punir, car « elle trompe à son gré cet esprit plein de prudence, l'unit à des femmes mortelles et lui fait oublier Junon, sa sœur et son épouse, qui par sa beauté l'emporte sur toutes les déesses » (Homère, *Hymnes*, III).
D'une rare beauté, qui égale celle des dieux, Anchise le Troyen ne fait cependant pas pâle figure, comparé à la déesse. Cette dernière, pour partager sa couche, se fait passer pour la fille d'un roi qui désire l'épouser. Anchise accepte. Difficile en effet de résister à une très belle femme dont « la tête était couverte d'un voile plus brillant que l'éclat de la flamme ; [qui] portait des bracelets recourbés et de riches pendants d'oreilles. Autour de son cou s'arrondissaient de superbes colliers d'or ; sur sa poitrine magnifique une parure admirable à voir brillait comme les rayons de la lune » (Hymnes homériques). Pas étonnant donc que, très vite, il « enlève la parure de la déesse, les bracelets arrondis, les boucles d'oreilles et les colliers ; qu'il dénoue sa ceinture, enlève à la déesse ses vêtements superbes et les place sur un siège enrichi de clous d'argent » (Hymnes homériques, III). On devine aisément la suite.

Le lendemain matin, Anchise comprend qu'il a passé la nuit avec une déesse. C'est le drame. En effet, des malheurs sont promis à tout mortel qui s'unit à une déesse : virilité anéantie, vieillesse prématurée... Aphrodite le rassure et lui promet un fils illustre : Énée (cf. Chapitre 5). Elle lui demande seulement de ne pas révéler le nom de la mère.

Mais, bien évidemment, Anchise ne peut s'empêcher de pérorer. Zeus, pour le punir, le frappe de la foudre. Le voici aveugle et, dans certaines versions, boiteux.

CONSTAT D'ADULTÈRE

Femme adultère : Aphrodite
Homme : le berger Anchise
Responsable : Zeus
Enfant : Énée

LES AMOURS DES AUTRES DÉESSES

AVEC DES MORTELS

Les autres déesses n'ont que de pâles amours, comparées à celles d'Aphrodite. Voyons plutôt.

HÉRA ET ZEUS
la jalousie au programme

Héra est la sœur et l'épouse légitime de Zeus, qui la trompe à tout va, bien qu'il ait eu du mal à la convaincre de l'épouser. « Jamais le désir d'une déesse ou d'une femme n'a dompté ainsi tout mon cœur », confie ce dernier (Homère, *Iliade*, XIV). Mais, bientôt, il cède à d'autres donzelles. Décidée à ne pas se laisser faire, la jalouse déesse l'espionne, le suit, insuffle le doute dans l'esprit de ses maîtresses (Sémélé, cf. Chapitre 3), les punit (Io, cf. Chapitre 3) et poursuit sa vengeance sur leur descendance (Héraclès, cf. Chapitre 5). Mais, en épouse fidèle, elle retombe régulièrement dans les bras de son divin mari, à qui elle donnera plusieurs enfants : Arès, Héphaïstos…

Il faut dire qu'Héra ne manquait pas d'atouts, surtout le jour où :

> elle se parfuma d'une huile divine dont l'arôme se répandit dans la demeure de Zeus, sur la terre et dans l'Ouranos. Et son beau corps étant parfumé, elle peigna sa chevelure et tressa de ses mains ses cheveux éclatants, beaux et divins, qui flottaient de sa tête immortelle. Et elle revêtit une khlamyde divine qu'Athènè avait faite elle-même et ornée de mille merveilles, et elle la fixa sur sa poitrine avec des agrafes d'or. Et elle mit une ceinture à cent franges, et à ses oreilles bien percées des pendants travaillés avec soin et ornés de trois pierres précieuses. Et la grâce l'enveloppait tout entière (Homère, *Iliade*, XIV).

Une belle femme trompée. Bref, la dure vie des déesses.

ACTE DE MARIAGE

Épouse : Héra
Époux : Zeus
Union : houleuse…
Enfants célèbres : Arès, Héphaïstos

HESTIA, ATHÉNA, ARTÉMIS

les trois vierges

Trois déesses sont vierges, et ont choisi de le rester.

Hestia, la déesse du Foyer, a demandé à son frère cadet Zeus de lui octroyer cette grâce pour échapper aux sales pattes d'autres dieux, comme Apollon ou Poséidon.

Athéna, la déesse de l'Intelligence et de la Guerre, a des tâches plus importantes à faire : aider son père Zeus dans la lutte contre les Géants, venir en aide à plusieurs héros (Ulysse, Persée...), réfléchir. Bref, elle n'a pas le temps pour la bagatelle. En général, les hommes ne l'embêtent pas. Et heureusement, parce que selon une version, le jeune Tirésias, pour l'avoir vue nue au bain, en perdra la vue. Mais, pour rattraper cette infirmité, la déesse lui octroiera le don de prédiction en lui purifiant les oreilles.
Apollodore raconte qu'Héphaïstos, le dieu de la Forge, tentera de la violer. Athéna se défendant, le sperme du dieu tombe sur la cuisse de la déesse, qui l'essuie. Le sperme tombe à terre. La Terre fécondée du sperme d'Héphaïstos donne naissance à Érichthonios, qu'Athéna aurait recueilli et élevé.

Artémis, la déesse de la Chasse, préfère courir les bois, et son frère jumeau Apollon a déjà un tableau de chasse bien rempli. Ça suffit comme ça. Du genre sexy, elle est convoitée par les hommes, mais ne supporte pas qu'on la courtise, ni que ses compagnes cèdent à l'amour. Callisto, courtisée par Zeus, l'apprendra à ses dépens (cf. Chapitre 3). Le jeune Actéon va lui aussi subir les foudres de la déesse. Un jour de chasse qu'il erre dans la forêt, il aperçoit en effet Artémis se baignant dans le plus simple appareil. Furieuse, la déesse le transforme aussitôt en cerf... Actéon s'enfuit, mais comme si la punition n'était pas assez forte, il finit dévoré par ses propres chiens qui l'accompagnaient à la chasse, ainsi que le raconte Ovide dans *Les Métamorphoses*, III :

Cette meute, emportée par l'ardeur de la proie, poursuit Actéon, et s'élance à travers les montagnes, à travers les rochers escarpés ou sans voie. Actéon fuit, poursuivi dans ces mêmes lieux où tant de fois il poursuivit les hôtes des forêts. Hélas ! Lui-même, il fuit ses fidèles compagnons ; il voudrait leur crier : « Je suis Actéon, reconnaissez votre maître. » Mais il ne peut plus faire entendre sa voix. Cependant d'innombrables abois font résonner les airs. Mélanchétès lui fait au dos la première blessure ; Thérodamas le mord ensuite ; Orésitrophos l'atteint à l'épaule. Ils s'étaient élancés les derniers à sa poursuite, mais en suivant les sentiers coupés de la montagne, ils étaient arrivés les premiers. Tandis qu'ils arrêtent le malheureux Actéon, la meute arrive, fond sur lui, le déchire, et bientôt sur tout son corps il ne reste aucune place à de nouvelles blessures. Il gémit, et les sons plaintifs qu'il fait entendre, s'ils diffèrent de la voix de l'homme, ne ressemblent pas non plus à celle du cerf. Il remplit de ses cris ces lieux qu'il a tant de fois parcourus ; et, tel qu'un suppliant, fléchissant le genou, mais ne pouvant tendre ses bras, il tourne en silence autour de lui sa tête languissante.

CHAPITRE

5

LES HÉROS ET HÉROÏNES LÉGENDAIRES

Les héros sont soit issus de l'union d'un dieu et d'un être humain – on parle alors de demi-dieux, comme Héraclès –, soit des êtres possédant une force légendaire, comme Thésée, ou une intelligence hors du commun, comme Ulysse.

JASON, À LA CONQUÊTE DE LA TOISON D'OR

Les héros luttent, généralement, pour protéger les Hommes d'un mal qui les menace - monstres, etc. - ou témoignent de qualités ou de défauts humains. C'est le cas d'Hector ou de Narcisse. Leur destin est habituellement semé d'embûches, comme celui d'Œdipe ou de Jason.
Jason est célèbre pour avoir conquis la Toison d'or et épousé Médée, qui, une fois repoussée, se vengera de la plus odieuse des façons : en tuant leurs enfants. Dit ainsi, cela a l'air simple et court, mais, en fait, l'histoire de Jason et de sa quête de la Toison d'or est complexe et sinueuse, et mériterait tout un livre... Essayons en quelques lignes d'y voir clair.

LA TOISON D'OR

Un jour, un roi grec accepte de sacrifier son fils afin que son peuple soit sauvé de la famine. Le garçon est sur le point d'être sacrifié quand il est enlevé, avec sa sœur, par un bélier avec une toison d'or missionné par le dieu Hermès. Le garçon atterrit en Colchide, où le roi Aiétès le recueille. Il sacrifie le bélier à Zeus et donne la toison au roi, qui la suspend à un chêne et la fait garder par un dragon et des hommes armés.

L'ÉPREUVE

Jason est le fils du roi d'Iolcos, Æson que Pélias, un membre de sa famille, détrône quand Jason est enfant. Afin de le mettre en sûreté, Jason est confié au Centaure Chiron (cf. Chapitre 6), qui l'élève.
Plus tard, il revient à Iolcos. En chemin, il aide une vieille femme à traverser une rivière. Bien lui en prend puisqu'il s'agit en fait de la déesse Héra (cf. Chapitre 2), qui le prend alors sous sa protection. Dans l'histoire, il perd une sandale. Aussi, un oracle ayant averti le roi qu'il devrait se méfier d'un homme avec un pied nu, Pélias va-t-il tout faire pour se débarrasser de Jason quand il arrive à Iolcos. Pour lui rendre son trône, il lui demande de rapporter la Toison d'or, épreuve dont il ne devrait pas revenir vivant. Pourquoi ? Parce que la Toison d'or, actuellement en Colchide, est gardée par un dragon.

LES PRÉPARATIFS

Pour appareiller vers la Colchide, Jason réunit cinquante hommes, parmi lesquels Orphée, Héraclès... On appelle ces hommes des Argonautes, car ils vont embarquer sur un navire nommé l'Argo. Ce bateau a été construit par Jason avec l'aide de la déesse Athéna. C'est donc du solide. Pourtant, le voyage vers la Colchide ne sera pas une sinécure, et les Argonautes devront affronter mille et un dangers.

AVOIR UN ŒIL DE LYNX

Lyncée est parti avec Jason chercher la Toison d'or. Son regard est réputé traverser les nuages et les murailles. Il avait donc des yeux perçants, sens de l'expression « avoir un œil de lynx ». En fait, au fil des années, on a confondu dans la langue populaire son nom avec celui du lynx.

LA CONQUÊTE DE LA TOISON D'OR

Jason et ses hommes finissent par arriver en Colchide. Là, le roi Aiétès accepte de le laisser emporter la Toison d'or à condition qu'il soumette deux taureaux féroces aux pieds de bronze et aux naseaux de feu et qu'avec, il laboure un champ puis y sème les dents d'un dragon, qui donneront naissance à des hommes qu'il devra exterminer. Heureusement pour Jason, la belle Médée, fille du roi Aiétès et magicienne de surcroît, vient en aide au héros, dont elle est tombée éperdument amoureuse au premier regard.

Jason, protégé des flammes soufflées par les naseaux des taureaux grâce à la pommade qu'elle lui a donnée, parvient à maîtriser les bêtes. Il leur passe alors le joug, laboure le champ puis sème les dents du dragon. Des hommes en armure jaillissent des sillons. Heureusement, se souvenant des conseils de Médée, Jason leur lance une pierre. Les guerriers s'entre-tuent. Mais ses soucis ne sont pas terminés, puisque le roi refuse de lui donner la Toison. Médée intervient une nouvelle fois et le conduit jusqu'au dragon qui garde la Toison. Jason tue le dragon, s'empare de la Toison et prend le chemin du retour avec Médée. Elle méritait au moins ça !

GRANDEUR ET DÉCADENCE

Grâce une nouvelle fois à Médée, Jason récupère le trône de son père en rentrant. Le couple vit heureux et a plusieurs enfants. L'histoire aurait pu s'arrêter là, sur un happy end, mais Jason, malgré tout ce qu'il doit à Médée, se détourne d'elle pour en aimer une autre. Répudiée, Médée fomente sa vengeance. Elle envoie à sa rivale une robe imbibée de poison puis tue les enfants qu'elle a eus de Jason. Ce dernier n'a plus que ses yeux pour pleurer.

D'où l'importance de ne jamais délaisser une femme, surtout quand elle est magicienne.

CARTE D'IDENTITÉ DE JASON

Père: Æson
Femme: la magicienne Médée, qui, une fois rejetée, tuera leurs enfants
Célèbre: pour avoir conquis la Toison d'or
Patron: des Argonautes
Bateau: l'Argo

PERSÉE, LE VAINQUEUR DE MÉDUSE

Persée, comme Jason, connaît un destin semé d'embûches au cours sinueux, mais n'est-ce pas après tout le propre des héros ? Célèbre pour avoir tué Méduse (cf. Chapitre 6), il symbolise la force et l'inconscience de la jeunesse. C'est aussi un demi-dieu, puisqu'il est le fils de Zeus et de la mortelle Danaé (cf. Chapitre 3).

UN ENFANT QUI N'AURAIT JAMAIS DÛ NI VIVRE NI SURVIVRE

Acrisios, roi d'Argos, ayant appris d'un oracle que son petit-fils le tuerait, enferme sa fille Danaé dans une tour pour qu'elle reste vierge. Mais Zeus, qui a remarqué la jeune femme, se transforme en pluie d'or, pénètre dans la tour et s'éprend de la jeune fille, qui donne naissance à un garçon : Persée. Rapidement, les vagissements de l'enfant renseignent son grand-père sur son existence. Furieux, il fait mettre Danaé et Persée dans un coffre, qu'il jette à la mer. Promis à une mort certaine, la mère et l'enfant échouent finalement sur l'île de Sérifos.

UN JEUNE HOMME ENVOYÉ À LA MORT

Quelque temps plus tard, le roi Polydectès remarque la beauté de Danaé. Il l'épouserait bien, mais Persée, devenu adulte, gêne ses plans. Pour s'en débarrasser, il convie les jeunes gens des environs, dont Persée, à un banquet où il est d'usage d'apporter de luxueux présents. Imprudent, Persée propose d'offrir la tête de Méduse, une des trois Gorgones, des monstres terrifiants à la chevelure hérissée de serpents. Polydectès le prend au mot et lui ordonne de rapporter la tête de Méduse. Normalement, il ne devrait jamais revenir vivant de cette expédition.

LA QUÊTE DE MÉDUSE

Des trois Gorgones, seule Méduse est mortelle. C'est un bon point pour pouvoir rapporter sa tête. Le seul d'ailleurs, les trois sœurs, à l'aspect repoussant, ayant le pouvoir de pétrifier qui les regarde. De plus, pour la tuer, encore faudrait-il savoir où les trois sœurs se cachent. Pour cela, Persée doit d'abord se rendre chez les Grées, des parentes des Gorgones vieilles et laides, qui n'ont qu'un œil et une dent pour trois. Elles se les passent à tour de rôle. Ça fait faire des économies de dentiste et d'ophtalmologiste. Plus sérieusement, Persée réussit à voler leur œil et leur dent. Pour les récupérer, elles lui disent ce qu'il voulait savoir : où se trouvent les Nymphes.

Non seulement les Nymphes lui apprennent où dénicher les Gorgones, mais elles lui donnent l'attirail nécessaire pour vaincre la terrible Gorgone : des sandales ailées, une besace où mettre la tête pour que son œil ne puisse plus croiser personne et le casque d'Hadès qui rend invisible. Le dieu Hermès, lui, équipe Persée d'une petite serpe, et Athéna lui offre un bouclier de bronze poli.

COUIC !

Ainsi équipé, Persée se dirige vers l'antre des trois Gorgones. Grâce au bouclier qui lui sert de miroir, il évite le regard de Méduse tout en voyant clairement où porter son coup. Les sandales ailées lui permettent quant à elles de s'élever au-dessus de Méduse. Pour ce qui est de la serpette, il s'en sert pour couper la tête de la Gorgone. Quand c'est fait, il ne lui reste plus qu'à la jeter dans la besace et à s'enfuir. Le casque d'Hadès, pour sa part, lui permet d'être invisible aux yeux des deux autres Gorgones, qui le poursuivent pour venger leur sœur.

LA RENCONTRE D'ANDROMÈDE

Sur le chemin du retour, Persée tombe sur la belle Andromède, offerte en guise d'apaisement à un monstre. Attachée au pied d'un rocher, elle attend tristement qu'il vienne la dévorer. C'est sans compter sur Persée, qui, auréolé de sa victoire sur Méduse, se sent de taille à tuer le monstre. Le monstre ayant pris l'ombre de Persée pour le héros lui-même, Persée n'aura finalement que peu de mal, au regard des difficultés qu'il a eues avec Méduse, à en venir à bout.

RENDEZ-VOUS AVEC SON DESTIN

De retour avec Andromède à Sérifos, Persée se sert de la tête de Méduse pour pétrifier tous ceux qui menacent sa mère et lui, comme Polydectès et ses courtisans. Puis, comme il est bien élevé, il rend les sandales, la besace et le casque à ses propriétaires, non sans avoir offert à Athéna la tête de Méduse, dont la déesse va désormais orner son bouclier (cf. Chapitre 2).
Tout semble aller pour le mieux, mais, bien sûr, on n'échappe pas à son destin. Persée, en participant à des jeux, lance un disque qui, dévié par le vent, tue son grand-père, lui aussi présent ce jour-là. Ce qui devait arriver est arrivé.
Une fois mort, Persée est élevé au rang de constellation.

CARTE D'IDENTITÉ DE PERSÉE

Père: Zeus
Mère: la mortelle Danaé
Femme: Andromède, sauvée d'un monstre
Célèbre: pour avoir tué Méduse
Représentation: tenant la tête de Méduse à la main

MINOS, THÉSÉE, LE MINOTAURE, ARIANE, DÉDALE, ICARE, PHÈDRE, HIPPOLYTE : UNE TRAGÉDIE EN CINQ ACTES

L'histoire de Thésée, héros cher aux Athéniens, permet de raconter des épisodes très connus et de présenter des personnages fascinants, dont certains ont donné leur nom à des expressions : Minos, le Minotaure, Ariane et son fil, Dédale et son labyrinthe, Icare et ses ailes brûlées, Phèdre et sa folle passion pour son beau-fils Hippolyte. Le tout donne une inoubliable tragédie en cinq actes.

ACTE I : L'ENFERMEMENT DU MINOTAURE

Le roi de Crète Minos demande à l'architecte Dédale de construire un labyrinthe pour enfermer un monstre à tête de taureau et au corps d'homme, le Minotaure, fruit des amours de sa femme Pasiphaé avec un magnifique taureau que le dieu Poséidon avait fait surgir des profondeurs. Minos n'ayant pas comme promis sacrifié ce taureau à Poséidon, le dieu l'aurait puni en faisant naître en Pasiphaé une folle passion pour l'animal.
Dédale crée un immense palais plein de recoins et de couloirs, dont personne ne peut sortir.

ACTE II : ENTRÉE EN SCÈNE DE THÉSÉE

Thésée est le fils du roi d'Athènes Égée. Ce dernier le fait élever loin de la cour, mais finit par le retrouver grâce à l'épée royale que la mère du jeune homme lui avait donnée.
Égée a un gros problème : régulièrement (tous les neuf, trois, voire tous les ans selon les textes), pour éviter la guerre, Athènes doit livrer à Minos sept jeunes filles et sept jeunes gens qui sont donnés en pâture au Minotaure.
Quand il apprend cela, le courageux Thésée, qui a déjà quelques victoires à son actif, se porte volontaire pour aller au-devant du monstre. S'il revient vivant, il fera hisser des voiles blanches sur le bateau qui le ramènera.

ACTE III : LA MORT DU MINOTAURE

Dès qu'elle aperçoit Thésée, Ariane, la fille de Minos, tombe folle amoureuse du jeune héros. Pour éviter qu'il ne se perde dans le labyrinthe, elle lui confie une pelote de fil, seul moyen de retrouver son chemin. En échange, Thésée lui promet de l'épouser s'il sort vivant de l'aventure.

Thésée accroche le fil à l'entrée du labyrinthe et laisse se dérouler la pelote pendant qu'il avance. Le monstre tué, il ne lui reste plus qu'à suivre le fil pour retrouver l'air libre. Sitôt sorti, il reprend la mer avec Ariane et ses compagnons.

LA MER ICARIENNE

La mer dans laquelle se serait noyé Icare porte son nom. C'est la mer Icarienne, qui se situe en Grèce.

ACTE IV : DÉDALE ET ICARE

Pour se venger du constructeur qui a expliqué à Ariane la seule manière de sortir vivant du labyrinthe, Minos y enferme Dédale et son fils Icare.

CARTE D'IDENTITÉ D'ICARE

Père: Dédale
Caractéristique: tête brûlée
Sort: noyé pour s'être approché trop près du Soleil
Expression associée: se brûler les ailes

CARTE D'IDENTITÉ DE DÉDALE

Fils: Icare
Profession: ingénieur
Patron: Minos
Travail célèbre: créateur d'un labyrinthe où est enfermé le Minotaure
Expression associée: un dédale (un labyrinthe)

Résolu à sortir du labyrinthe, l'ingénieux Dédale fabrique deux paires d'ailes avec de la cire et des plumes. Il en met une sur son dos et l'autre sur le dos de son fils, Icare. Père et fils peuvent désormais quitter le labyrinthe par la voie des airs. Hélas, malgré l'interdiction paternelle, le jeune Icare, inconscient, s'approche tellement du Soleil que la cire de sa paire d'ailes fond. Les plumes se détachent et Icare tombe dans la mer, où il se noie.

ACTE V : LE RETOUR DE THÉSÉE

Sur le chemin du retour, Thésée ne tient pas sa promesse et abandonne Ariane sur l'île de Naxos.
Euphorique, le jeune héros oublie de hisser les voiles blanches sur le bateau qui le ramène à Athènes. Résultat : son père, en apercevant les voiles noires, croit son fils mort et se jette dans la mer, qui prend alors son nom : la mer Égée.
Thésée, devenu roi d'Athènes, connaîtra une fin de vie difficile. Marié à Phèdre, la sœur d'Ariane, il demandera au dieu Poséidon de tuer son fils Hippolyte, qu'il avait eu avec la reine des Amazones, croyant comme Phèdre le prétendait qu'il avait tenté de la violer, alors que cette dernière voulait se venger du jeune homme, qui avait repoussé ses avances. Cette histoire a été magnifiquement racontée par Racine dans sa célèbre tragédie *Phèdre*.

CARTE D'IDENTITÉ DE THÉSÉE

Père : le roi Égée
Célèbre pour : avoir tué le Minotaure, abandonné Ariane, provoqué le suicide de son père et la mort de son fils Hippolyte !
Caractéristique : héros athénien, roi sage

ARTS

L'abandon d'Ariane a inspiré plusieurs œuvres musicales, parmi lesquelles l'opéra de Richard Strauss *Ariane à Naxos*, créé en 1912.

LE NOBLE ET FIDÈLE HECTOR

Hector est le fils aîné de Priam, roi de Troie. C'est donc le frère de Pâris, qui déclenche la guerre de Troie en enlevant Hélène (cf. Chapitre 7). Un oracle a prédit que tant qu'Hector serait en vie, Troie ne serait pas vaincue. Hector est en effet le champion incontesté du camp troyen.

Il est également sans conteste le plus noble des héros de la guerre de Troie, et aussi le plus fidèle : fou amoureux de sa femme Andromaque, il veille sur elle et sur leur fils Astyanax. Personnage central de l'*Iliade* d'Homère, c'est sur ses funérailles que s'achève l'épopée.
Protégé par Apollon, il réussit à tuer de nombreux Grecs. Son destin bascule le jour où il tue Patrocle, l'ami d'Achille. Ce dernier, fou de douleur, le provoque en duel et le tue. Pire, il traîne son corps autour des murailles de Troie, sous les yeux des Troyens effondrés. Heureusement, une fois calmé, Achille accepte de rendre le corps d'Hector à son père.
La femme d'Hector, Andromaque, est l'héroïne d'une pièce éponyme de Racine.

CARTE D'IDENTITÉ D'HECTOR

Père : le roi de Troie Priam
Mère : Hécube
Frère célèbre : Pâris
Femme : Andromaque
Fils : Astyanax
Caractéristiques : noble et fidèle
Représentation : se battant contre Achille
Mort : tué par Achille

HÉRACLÈS ET SES FAMEUX DOUZE TRAVAUX

Héraclès est le fils de Zeus et de la mortelle Alcmène (cf. Chapitre 3). Tout bébé, il réussit dans son berceau à étrangler deux serpents envoyés par Héra, furieuse que son mari l'ait trompée et qu'il ait eu un enfant, pendant que son frère hurle de peur. Héra ne cessera dès lors de le poursuivre de sa vindicte. C'est d'ailleurs elle qui le frappera de folie quelques années plus tard. Résultat: Héraclès tue ses enfants. Pour expier ce meurtre, il est condamné à douze épreuves imposées par Eurysthée, les fameux douze travaux d'Hercule (nom latin d'Héraclès), dont il viendra à bout grâce à sa force légendaire, à sa ruse et à l'aide de la déesse Athéna (cf. Chapitre 2) : tuer le lion de Némée, se débarrasser de l'hydre de Lerne, s'emparer vivant du sanglier d'Érymanthe, capturer la biche de Cérynie qui court à la vitesse du vent, détruire les oiseaux du lac Stymphale qui aiment la chair humaine, nettoyer les écuries d'Augias, attraper le terrible taureau de Crète, capturer les juments de Diomède, qui se nourrissent de chair humaine, voler la ceinture d'Hippolyte, la reine des Amazones, s'emparer des bœufs de Géryon, cueillir les pommes d'or des Hespérides et ramener Cerbère des Enfers. Voyons plutôt comment il s'y est pris.

LES DOUZE TRAVAUX D'HERCULE

Le lion de Némée

Pour tuer le lion de Némée, qui dévore bêtes et Hommes et dont aucune arme ne peut transpercer la peau, Hercule choisit de l'étrangler. Simple mais efficace. Puis il dépèce la bête et la rapporte à Eurysthée. La peau du lion lui servira désormais de vêtement et d'armure.

L'hydre de Lerne

Monstre à neuf têtes, dont l'une est immortelle et les autres repoussent quand on les coupe, l'hydre de Lerne terrorise la région. Pour en venir à bout, Hercule se fait aider par son neveu Iolaos. Avec le feu allumé par ce dernier, il allume une torche dont il se sert pour cautériser les cous au fur et à mesure qu'il coupe les têtes de l'hydre, seul moyen de les empêcher de repousser. Quant à la tête immortelle, il l'enfouit sous un rocher. Il suffisait d'y penser.

Dans certaines versions, c'est Iolaos qui brûle les cous au fur et à mesure qu'Hercule les coupe.

Le sanglier d'Érymanthe

Pour ramener vivant à Eurysthée le sanglier féroce d'Érymanthe, Hercule le poursuit jusqu'à épuisement. Il réussit pour finir à le maîtriser dans la neige. Il ne lui reste plus qu'à le ficeler.
Au suivant !

La biche de Cérynie

La biche de Cérynie, aux cornes d'or et aux sabots d'airain, court à la vitesse du vent. Hercule devant la ramener vivante, sa capture nécessitera une année.
La patience est d'or.

Les oiseaux du lac Stymphale

Véritables fléaux, les oiseaux du lac Stymphale apprécient la chair humaine. Cette fois, Hercule bénéficie de l'aide de la déesse Athéna, qui lui fournit des cymbales de bronze. Hercule tape dessus. Effrayés par le vacarme, les oiseaux s'envolent. Hercule n'a plus qu'à les abattre avec ses flèches.
De l'avantage d'être apprécié par une déesse intelligente.

Les écuries d'Augias

Imaginez l'odeur dégagée par des écuries immenses n'ayant jamais été nettoyées. Pas terrible, hein ? Que feriez-vous si vous deviez les rendre propres en une journée ? Hercule, lui, détourne deux fleuves qu'il fait passer dans les écuries. Tout le fumier est emporté en deux temps trois mouvements.
Déconseillé chez soi.

Le taureau de Crète

Le dieu de la Mer, Poséidon, a un jour fait surgir des flots un taureau que le roi de Crète Minos a gardé plutôt que de le sacrifier au dieu. Furieux, Poséidon a rendu le taureau inapprochable.
Pas pour Hercule, qui l'empoigne par les cornes, le met sur son dos et le rapporte vivant à Eurysthée, comme convenu.
Et maintenant ?

Les juments de Diomède

Eurysthée, qui convoite les juments du roi Diomède, demande à Hercule de les lui rapporter. Ce serait simple si les juments ne se nourrissaient pas de la chair des invités du roi ! Afin d'éviter ce sort funeste, Hercule ligote Diomède et le sert aux juments. Pendant ce temps, il s'empare des juments.
Le tour est joué.

La ceinture d'Hippolyte

Hippolyte est la reine des Amazones, de redoutables guerrières qui détestent les hommes. Elle porte la ceinture du dieu Arès (cf. Chapitre 1), qu'Eurysthée demande à Hercule de rapporter. Alors qu'Hercule est sur le point d'obtenir la ceinture de leur reine le plus simplement possible, Héra, qui le poursuit de sa haine, fait courir le bruit qu'en fait, il veut enlever la reine. Ni une ni deux, les Amazones attaquent le héros. Ni deux ni trois, Hercule tue Hippolyte et lui enlève sa ceinture, qu'il rapporte à Eurysthée.
Ça fait cher la ceinture.

Les bœufs de Géryon

Géryon est un monstre à trois corps possédant un troupeau de bœufs gardé par un chien féroce et un bouvier vigilant.
Pour s'en emparer, Hercule devra parcourir un long chemin au cours duquel il plantera deux colonnes, les colonnes d'Hercule (les montagnes de chaque côté du détroit de Gibraltar), se débarrasser avec l'aide de sa massue du chien et du bouvier, mais aussi tuer avec son arc Géryon.
Un peu long, mais il en faut plus pour inquiéter Hercule.

Les pommes d'or des Hespérides

Les Hespérides, les nymphes du Couchant, gardent un jardin où pousse un pommier qui donne des pommes d'or.
Pour les rapporter à Eurysthée, après un long voyage au cours duquel il tuera l'aigle dévorant chaque jour le foie de Prométhée (cf. Chapitre 6), Hercule, sur les conseils de Prométhée, demande à Atlas, qui porte le ciel sur ses épaules (cf. Chapitre 6), d'aller les cueillir à sa place. Pour cela, il prend sur ses épaules la voûte céleste. Bien évidemment, quand Atlas revient de sa mission, il n'a pas envie de porter de nouveau le ciel sur ses épaules. C'est compter sans le rusé Hercule, qui lui demande de le faire le temps qu'il se repose et mette un coussin sur ses épaules. Atlas, sans réfléchir, s'exécute. Hercule prend les pommes et s'enfuit.
Et toc !

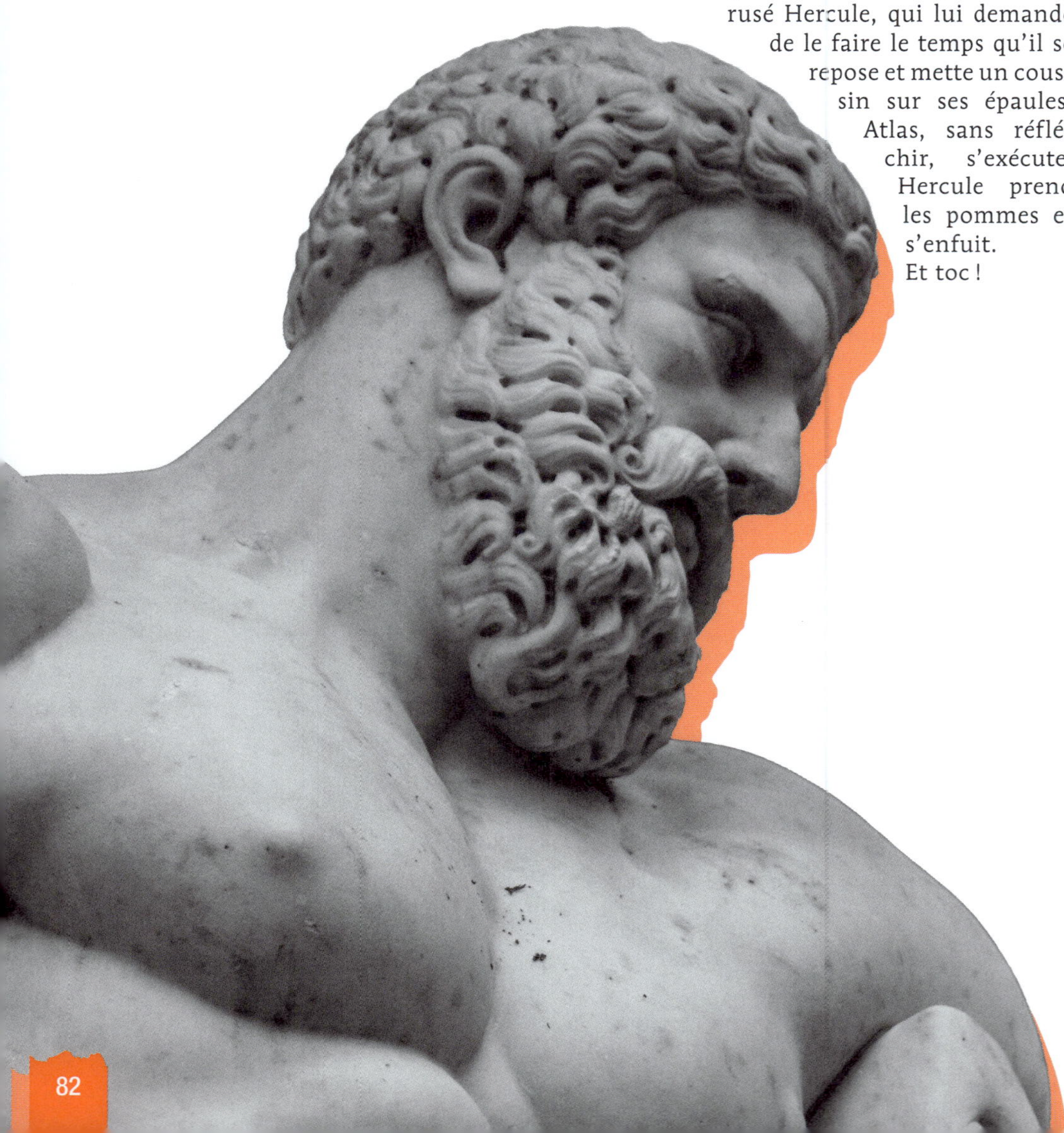

Cerbère

Cette fois, la tâche s'annonce difficile. Hercule doit en effet ramener Cerbère, le monstre à trois têtes qui garde l'entrée des Enfers (cf. Hadès, Chapitre 1).
Aidé d'Hermès, le messager des dieux qui lui indique l'entrée, Hercule parvient aux Enfers. Les maîtres des Enfers, le dieu Hadès et sa femme Perséphone (cf. Chapitre 2), l'autorisent à capturer Cerbère, à condition qu'il n'emploie aucune arme... Ça s'annonce mal, d'autant que Cerbère se met à grogner et à montrer les dents. N'importe qui aurait pris ses jambes à son cou, mais pas Hercule, qui le saisit par ses trois colliers et le ramène à Eurysthée. Effrayé, ce dernier se cache dans une jarre et ordonne à Hercule de ramener Cerbère.
Et voilà comment Cerbère retrouve son poste.

ET APRÈS ?

Si Hercule est célèbre pour ses douze travaux, il en a accompli beaucoup d'autres après (et avant !), comme venir à bout du géant Antée, sauver une vierge qu'un monstre devait dévorer, aider les dieux dans leur guerre contre les Géants (cf. Introduction)... Pour les raconter, il faudrait un livre aussi gros que *La Mythologie gréco-romaine en 7 jours* !

CARTE D'IDENTITÉ D'HÉRACLÈS

Nom latin : Hercule
Père : Zeus
Mère : la mortelle Alcmène
Ennemie jurée : Héra, la femme de Zeus
Représentation : genre Superman
Célèbre : pour ses douze travaux
Expression associée : être fort comme Hercule

LA MORT D'HERCULE

Selon Ovide (*Les Métamorphoses*, IX), le Centaure Nessus tente un jour de violer l'épouse d'Hercule, Déjanire. Avant de rendre l'âme, tué par une flèche empoisonnée d'Hercule, il a le temps de donner à Déjanire une tunique trempée de son sang en prétendant qu'il a le pouvoir de ramener un époux volage. Quand, quelques années après, Déjanire, persuadée que son mari la trompe, offre une tunique imbibée du sang du Centaure à Hercule, elle provoque sans le savoir d'atroces souffrances à ce dernier, brûlé par la tunique qu'il ne peut enlever. Hercule, pour échapper à la douleur, préfère brûler sur un bûcher. À sa mort, il est accueilli parmi les dieux.

ATALANTE, LA CHASSERESSE QUI NE VOULAIT PAS SE MARIER

UNE ENFANT REJETÉE

Son histoire commence pourtant mal puisque son père, un roi, furieux d'avoir une fille, l'abandonne dans la nature. Heureusement, une ourse la recueille et l'élève. Atalante grandit, pleine de vivacité. Coureuse émérite, elle devient une chasseresse renommée.

LE SANGLIER DE CALYDON

C'est à ce moment-là que survient la chasse au sanglier qui ravage la région de Calydon. Atalante y est conviée, au grand dam de certains chasseurs. C'est pourtant elle qui réussira à blesser l'animal, permettant à Méléagre, le fils du roi de Calydon, de l'achever.
Bien qu'elle n'ait pas tué le sanglier, les honneurs de la chasse lui revenant pour l'avoir blessé, elle reçoit la dépouille de la bête.

CARTE D'IDENTITÉ D'ATALANTE

Père: un roi
Représentation: courant ou chassant
Caractéristique: vaincue à la course par trois pommes
Fin: changée en lion

UNE CÉLIBATAIRE ENDURCIE

Acceptée après son exploit par son père, Atalante refuse de se marier. Poussée par son père, elle finit par consentir à épouser celui qui la battra à la course ! Malheur à celui qui perdra car, en prime, il le paiera de sa vie.
Plusieurs prétendants échouent lamentablement. Aphrodite, la déesse de l'Amour, qui n'aime pas les vierges qui refusent l'amour, décide d'intervenir et d'aider Hippomène, amoureux de l'indépendante Atalante. Pour cela, elle lui confie trois pommes d'or que le jeune homme lâche habilement pendant la course, ralentissant l'allure d'Atalante, occupée à les ramasser. Le jeune homme franchit le premier la ligne d'arrivée. La jeune femme n'a plus qu'à s'incliner.

RETOUR AU RÈGNE ANIMAL

Ovide, dans *Les Métamorphoses*, X, raconte que les deux jeunes gens, pour avoir batifolé dans un sanctuaire, auraient été changés en lions :

Près du temple, taillé dans le roc, et recevant une faible lumière, est une grotte profonde, asile consacré, où les prêtres ont déposé les simulacres en bois des dieux antiques. Hippomène pénètre dans cet antre avec son épouse. Ils le profanent, et les dieux détournent leur regard. La déesse au front couronné de tours allait précipiter les coupables dans les ondes du Styx. Mais ce châtiment paraît trop doux à sa vengeance. Soudain l'ivoire de leur cou de crins fauves se hérisse. Leurs doigts s'arment d'ongles durs et tranchants. Leurs bras en pieds sont transformés. Le poids entier de leur corps sur leur sein tombe et se réunit. Une longue queue se traîne sur leur trace. La colère sur leur front imprime ses traits. Ils ne parlent plus, ils rugissent. Leurs palais sont les antres et les forêts. Lions terribles aux humains, ils mordent le frein de Cybèle, qui les soumet et les attelle à son char.

ORPHÉE, LE POÈTE PAR EXCELLENCE

Orphée est devenu un héros non par sa force ou son habileté, comme les héros précédents, mais par ses dons : Orphée est en effet le poète-musicien par excellence.

À L'ORIGINE DE LA POÉSIE LYRIQUE

Fils de la Muse Calliope (ça aide), on dit de lui qu'il charmait les animaux, les arbres et même les objets inanimés, comme les rochers, quand il jouait de la lyre, qu'il aurait reçue d'Apollon et à laquelle il aurait ajouté deux cordes, en l'honneur des neuf Muses. Il est le pionnier de la poésie lyrique.

Il aurait participé à l'expédition des Argonautes, non pas en utilisant sa force, mais en chantant et en jouant pour donner du courage à ses acolytes, apaiser les flots déchaînés ou anéantir le pouvoir des Sirènes.

L'AMANT IMPATIENT D'EURYDICE

Amoureux fou de la naïade Eurydice, il a le malheur de la perdre le jour de son mariage, à la suite d'une morsure de serpent. Désespéré, Orphée décide de faire ce que personne n'a jamais réussi : ramener une personne – en l'occurrence Eurydice – du royaume des morts. Grâce à sa lyre, il réussit à charmer le passeur Charon, puis Cerbère, le terrible gardien des Enfers, et aussi les juges des morts. Parvenu devant le maître des Enfers et sa femme, Hadès et Perséphone, il se met à chanter :

Divinités du monde souterrain où descendent successivement tous les mortels, souffrez que je laisse les vains détours d'une éloquence trompeuse. Ce n'est ni pour visiter le sombre Tartare, ni pour enchaîner le monstre à trois têtes, né du sang de Méduse, et gardien des Enfers, que je suis descendu dans votre empire.

Je viens chercher mon épouse. La dent d'une vipère me l'a ravie au printemps de ses jours. J'ai voulu supporter cette perte; j'ai voulu, je l'avoue, vaincre ma douleur. L'Amour a triomphé. La puissance de ce dieu est établie sur la terre et dans le ciel; je ne sais si elle l'est aux Enfers: mais je crois qu'elle n'y est pas inconnue; et, si la renommée d'un enlèvement antique n'a rien de mensonger, c'est l'amour qui vous a soumis; c'est lui qui vous unit. Je vous en conjure donc par ces lieux pleins d'effroi, par ce chaos immense, par le vaste silence de ces régions de la Nuit, rendez-moi mon Eurydice; renouez le fil de ses jours trop tôt par la Parque coupé. Les mortels vous sont tous soumis. Après un court séjour sur la terre un peu plus tôt ou un peu plus tard, nous arrivons dans cet asile ténébreux; nous y tendons tous également; c'est ici notre dernière demeure. Vous tenez sous vos lois le vaste empire du genre humain. Lorsque Eurydice aura rempli la mesure ordinaire de la vie, elle rentrera sous votre puissance. Hélas! C'est un simple délai que je demande; et si les Destins s'opposent à mes vœux, je renonce moi-même à retourner sur la terre. Prenez aussi ma vie, et réjouissez-vous d'avoir deux ombres à la fois (Ovide, *Les Métamorphoses*, X).

CARTE D'IDENTITÉ D'ORPHÉE

Mère: la Muse Calliope
Père: le roi de Thrace Œagre
Femme: Eurydice
Représentation: jouant de la lyre
Célèbre pour: avoir tenté de ramener sa femme des Enfers
Mot associé: l'orphisme, un mouvement religieux de la Grèce antique qui pense que seule une vie saine et pure permet d'accéder à la vie éternelle

ARTS

Le mythe d'Orphée a inspiré les artistes de tous les genres. En voici quelques exemples.

• Le poète Cocteau a modernisé le mythe dans un film, *Orphée*, sorti en 1950, où Jean Marais est un Orphée obsédé par la Princesse (la Mort), jouée par Maria Casarès.

• La chorégraphe Pina Bausch a imaginé en 1975 sur la musique de Gluck un ballet contemporain régulièrement joué à l'opéra Garnier.

• Le poète Rainer Maria Rilke a publié en 1922 *Sonnets à Orphée*.

• Offenbach est le compositeur d'*Orphée aux Enfers*, qui revisite le mythe, puisque dans cet opéra-bouffe, Orphée n'a que faire d'Eurydice, convoitée par Zeus et Hadès.

Émus, Hadès et Perséphone acceptent de rendre Eurydice à Orphée, à une condition: Orphée ne doit pas se retourner avant qu'Eurydice, qui le suivra, n'arrive à la lumière du soleil. Hélas, alors qu'ils sont proches de la sortie, Orphée se retourne, soit qu'il n'y tienne plus, soit qu'il craigne qu'elle ne soit pas là. Il perd ainsi pour toujours Eurydice, qui retourne au fond des Enfers.

UNE FIN TRAGIQUE

Désespéré, le poète erre sur terre. Un jour, des Ménades, ces femmes ivres qui font partie du cortège de Dionysos, le dieu du Vin, le mettent en pièces. Orphée va enfin retrouver Eurydice. Ainsi finit la vie du poète célèbre pour son talent et son amour fou.

ŒDIPE OU LA FORCE DU DESTIN

Œdipe incarne comme personne le poids du destin et des liens familiaux dont on ne peut se défaire. Ce héros, qui a inspiré les artistes, a même donné naissance à un concept psychanalytique : le complexe d'Œdipe.

DES DÉBUTS DIFFICILES

Œdipe est le fils du roi de Thèbes Laïos et de Jocaste. Un oracle ayant prédit qu'il tuerait son père et épouserait sa mère, Laïos abandonne l'enfant sur une montagne à une mort certaine. Mais, comme souvent dans ce cas, l'enfant est recueilli par des bergers, avant d'être confié au roi Polybos, sans enfants, qui l'élève comme son fils. Œdipe est d'ailleurs persuadé que Polybos est son père. Ah, les secrets de famille !

LE MEURTRE DU PÈRE

Adulte, Œdipe se rend à Delphes consulter l'oracle, qui lui révèle la prophétie. Croyant toujours que Polybos est son père, il décide de le quitter pour éviter la réalisation de l'oracle. Ce faisant, il prend la route de Thèbes, où il rencontre l'équipage de Laïos. Une dispute éclate et Œdipe tue Laïos. La première partie de la prophétie s'est réalisée.

ART

On ne compte plus les films, pièces de théâtre, opéras… relativement récents inspirés par Œdipe et sa famille. En voici quelques-uns :

- Le poète Jean Cocteau a écrit en 1932 la pièce de théâtre *La Machine infernale*, qui s'inspire d'Œdipe roi de Sophocle.
- Le romancier et poète belge Henry Bauchau a publié en 1990 *Œdipe sur la route*, où il raconte avec poésie les tourments d'Œdipe chassé de Thèbes.
- Igor Stravinsky a composé en 1927 un opéra-oratorio sur un livret de Cocteau : *Œdipe roi*.
- Anouilh s'est attaché dans sa pièce éponyme au sort funeste d'Antigone, condamnée à être emmurée vivante pour avoir enterré son frère, malgré l'interdiction de Créon.

LE SPHINX

À Thèbes, Œdipe tombe sur le Sphinx, un monstre mi-femme mi-lion qui terrorise la région. En effet, il pose aux voyageurs une énigme et dévore ceux qui ne réussissent pas à y répondre. Voici la question : « Quel est l'être qui a quatre pieds le matin, deux à midi et trois le soir ? » Œdipe réfléchit et répond : « L'Homme. Enfant, il marche à quatre pattes ; adulte, il se tient sur ses deux jambes ; vieux, il s'aide d'une canne. » Dépité par cette bonne réponse, le Sphinx se suicide.

LE MARIAGE AVEC LA MÈRE

Acclamé comme un héros par les Thébains, Œdipe se voit offrir la couronne du défunt roi et la main de sa veuve, Jocaste. Œdipe accepte et épouse Jocaste. La seconde partie de la prophétie s'est réalisée. On n'échappe pas à son destin. Avec Jocaste, Œdipe a plusieurs enfants : deux fils et deux filles. Tout semble aller pour le mieux, quand une épidémie de peste ravage le pays. Pour comprendre la raison de ce fléau, l'oracle de Delphes est consulté. Il répond que la peste est la conséquence du meurtre impuni de Laïos.

LA RÉVÉLATION

Œdipe décide donc de venger ce fameux Laïos et lance une malédiction contre le meurtrier… Afin de démasquer l'assassin, il consulte le célèbre devin Tirésias (cf. Chapitre 6) et, de fil en aiguille, commence à se douter que c'est lui le meurtrier. Mais comme on lui annonce peu de temps après la mort de Polybos, il ne fait pas le rapprochement et ne comprend pas encore qu'il est le fils de Laïos. Cela ne tarde pas cependant, puisqu'il apprend qu'il n'est pas le fils de Polybos et que quelqu'un le reconnaît comme étant celui de Laïos. Le fils a donc bien tué son père et épousé sa mère. Face à cette révélation, Jocaste se tue et Œdipe se crève les yeux.

UNE FIN DE VIE ERRANTE

Chassé de Thèbes, Œdipe, aveugle, erre, soutenue par sa fille Antigone. Il meurt à Colone, où le roi d'Athènes Thésée offre l'hospitalité à celui qui est devenu un étranger.
Ni coupable ni innocent, il symbolise l'homme aux prises avec son destin.

LE COMPLEXE D'ŒDIPE

Freud, à partir du mythe d'Œdipe, a appelé du nom de « complexe d'Œdipe » le fait qu'un fils soit attiré par sa mère et qu'il désire inconsciemment la mort de son père. Même chose pour une fille, attirée cette fois par son père.

CARTE D'IDENTITÉ D'ŒDIPE

Mère : Jocaste
Père : le roi Laïos
Femme : Jocaste
Enfants : deux fils, Étéocle et Polynice, qui s'entre-tueront ; deux filles, Antigone, qui sera tuée pour avoir enterré son frère Polynice malgré l'interdiction de son oncle Créon, et Ismène, dont le sort est incertain
Célèbre pour : avoir tué son père et épousé sa mère malgré lui, et pour avoir résolu l'énigme du Sphinx
Représentation : devant le Sphinx ou se crevant les yeux…
Expression associée : le complexe d'Œdipe

ACHILLE, UNE FORCE DE LA NATURE AU TEMPÉRAMENT DE FEU

Achille est le guerrier grec central de la guerre de Troie (cf. Chapitre 7). Tout ou presque tourne autour de lui. Quand il boude, la défaite pointe le bout de son nez; quand il est en pleine forme, rien ne résiste à ce Grec intrépide qui va préférer une vie courte et glorieuse à une vie longue et banale. Il va être servi...

TREMPÉ PAR LE TALON

Achille est le fils du roi Pélée et de la Néréide Thétis (cf. Chapitre 6). La divinité, pour rendre son fils immortel, comme elle, l'aurait trempé dans le Styx en le tenant par le talon, qui reste donc vulnérable.

Élevé notamment par le sage Centaure Chiron (cf. Chapitre 6), Achille devient un jeune homme accompli.

LE CHOIX D'UNE VIE

Survient la guerre contre Troie (cf. Chapitre 7). Le roi Pélée (ou Thétis), refusant de voir son fils partir à la guerre, le cache parmi les filles du roi de l'île de Skyros. Mais Ulysse le rusé le débusque en se faisant passer pour un marchand ambulant vendant des colifichets. Toutes les filles du roi se précipitent, à l'exception d'une, ou plutôt d'un, intéressé par un poignard qu'Ulysse montre aux jeunes filles... Achille s'est trahi. Démasqué, il accepte de partir à la guerre. Il choisit ainsi une vie brève mais pleine de gloire à une vie longue mais ennuyeuse, celle qui l'attend s'il reste près de sa famille.

LE GUERRIER VALEUREUX MAIS SUSCEPTIBLE

Guerrier plein de fougue, Achille a reçu en butin la belle Briséis. Quand, quelque temps plus tard, Agamemnon lui enlève la jeune fille, furieux, il décide de ne plus combattre. Résultat : les défaites se multiplient. La situation ne peut plus durer. Pourtant, malgré l'insistance des Grecs, Achille refuse de retourner au combat.

L'AMI FIDÈLE

Tout juste accepte-t-il que son grand ami Patrocle revête son armure pour faire croire aux Troyens qu'il a repris le combat. Hélas, Patrocle se fait tuer par Hector. Fou de douleur, Achille revêt une armure forgée par le dieu Héphaïstos à la demande de sa mère, se précipite sur le champ de bataille pour venger son ami, tue Hector, traîne sa dépouille autour de la ville de Troie et refuse même un temps de rendre son corps à son père, Priam.

LA MORT

Quelque temps plus tard, Achille est tué par une flèche que le Troyen Pâris, guidé par le dieu Apollon (ou par Apollon ayant pris les traits de Pâris), lui envoie au talon, seul endroit de son corps, rappelons-le, qui soit vulnérable.

Sa mère, Thétis, n'a pas réussi à rendre son fils immortel, ou plutôt si, puisque la renommée d'Achille est parvenue jusqu'à nous.

CARTE D'IDENTITÉ D'ACHILLE

Mère: la Néréide Thétis (cf. Chapitre 6)
Père: le roi Pélée
Point faible: talon
Célèbre pour: sa bravoure
Représentation: en guerrier
Mort: tué par Pâris
Expression associée: un talon d'Achille (un point faible)

ULYSSE, L'HOMME AUX MILLE RUSES

Ulysse – Odysseus en grec –, le rusé guerrier grec de la guerre de Troie, a donné son nom à l'épopée d'Homère qui raconte ses pérégrinations pour rentrer chez lui, à Ithaque, une fois la guerre de Troie achevée. Les Grecs aimaient se reconnaître en ce héros aussi courageux que malin.

UNE JEUNESSE MARQUÉE PAR UNE BLESSURE

Ulysse est le fils du roi Laërte et d'Anticlée. Comme Achille, il aurait en partie été élevé par le Centaure Chiron.
Lors d'une chasse au sanglier, il est blessé au genou. Ce détail pourrait sembler sans intérêt, mais la cicatrice qu'Ulysse gardera toute sa vie jouera un rôle non négligeable dans la suite de l'histoire. Suspense...
C'est un peu plus tard qu'il acquerra le fameux arc d'Eurytos, dont il se servira à bon escient. Double suspense...

UN MARIAGE ET UN ENFANT

Adulte, il remplace son père sur le trône d'Ithaque. Désireux de se marier, il ne dirait pas non à la belle Hélène, mais elle a une foultitude de prétendants. Déjà habile, il fait jurer à tous ces derniers de s'unir si un outrage était fait au futur mari d'Hélène, qui épouse finalement Ménélas. Quant à lui, il se marie avec Pénélope, qui lui donne un fils : Télémaque.

UNE GUERRE MALVENUE

Peu de temps après, Pâris, fils de Priam, roi de Troie, enlève Hélène. Liés par leur serment, les anciens prétendants de la belle n'ont pas d'autre choix que d'envoyer une expédition punitive contre Troie. Ulysse, heureux avec sa femme et son fils, et adepte de la paix, essaie d'échapper à la guerre qui s'annonce en simulant la folie, mais en voyant son fils mis en danger par Palamède, il le sauve, montrant ainsi qu'il n'a rien perdu de sa raison. Il ne lui reste plus qu'à quitter Ithaque.

UN MENTOR

En partant à la guerre, Ulysse confie sa maison et son fils à son fidèle Mentor. Au XVIIe siècle, Fénelon écrit *Les Aventures de Télémaque*, du nom du fils d'Ulysse parti à la recherche de son père dans l'Odyssée. Il y dépeint Mentor comme un sage parmi les sages. De là vient le terme « un mentor » qu'on utilise pour parler d'un conseiller expérimenté.

UN GUERRIER VALEUREUX ET RUSÉ

La guerre éclate. Ulysse, grâce à une ruse, réussit à dénicher Achille, caché dans un gynécée.
Au cours de la longue guerre de Troie, Ulysse se montre très courageux, tuant de

nombreux Troyens, mais aussi fin stratège, toujours prêt à remotiver les troupes et à maintenir l'unité entre les Grecs.
Guerrier des plus rusés, il réussit à s'introduire avec Diomède dans Troie pour subtiliser la statue en bois d'Athéna, qui protège la ville. Tant qu'elle était dans Troie, la ville ne pouvait être prise.

C'est aussi à lui qu'on doit en grande partie l'idée du cheval de Troie, qui permet aux Grecs de s'introduire subrepticement dans le camp troyen pour mettre la ville à sac de nuit. Pour plus de détails, direction le Chapitre 7 consacré à la guerre de Troie.

LE DIFFICILE RETOUR DANS SES PÉNATES

Une fois la guerre terminée, Ulysse reprend la mer pour rentrer chez lui. Son long périple, qui durera dix ans, est le sujet de l'*Odyssée* d'Homère. Pour plus d'informations, direction le Chapitre 7. Mais sachez cependant qu'avant de retrouver sa femme Pénélope, qui l'attend sagement, malgré les avances pressantes des prétendants, ainsi que son fils Télémaque, il lui faudra notamment :

- Aveugler et flouer le Cyclope Polyphème (cf. Chapitre 6), qui menace de tuer tous ses compagnons – et lui-même – les uns après les autres. Cela lui vaudra la haine éternelle du père du Cyclope, le dieu Poséidon, qui fera tout, comme le lui a demandé son fils, pour qu'Ulysse ne rentre jamais chez lui. Pour cela, il déclenchera moult tempêtes.
- Déjouer le charme de la magicienne Circé, capable de transformer les hommes en pourceaux.
- Éviter les Sirènes (cf. Chapitre 6) qui, par leurs chants, causent la mort des marins s'approchant trop près des côtes afin de les entendre.
- Quitter la nymphe Calypso qui, par amour, le retiendra prisonnier de longues années.
- De retour à Ithaque, bander, déguisé en mendiant, l'arc d'Ulysse (le sien), ce que personne ne réussissait à faire, l'utiliser pour tuer tous les prétendants de sa femme, se faire reconnaître de plusieurs personnes (grâce notamment à sa cicatrice !), puis de sa femme et retrouver son royaume.

Entre son départ et son retour, vingt longues années se seront écoulées. La dure condition de héros...

ARTS

- *Outis* est le titre d'un magnifique opéra de Luciano Berio créé en 1996. Son nom, qui signifie « personne », fait référence à la réponse que donne Ulysse au Cyclope Polyphème, qui lui demande son nom.
- *Ulysse*, l'œuvre monumentale de James Joyce, romancier et poète irlandais mort en 1941, s'inspire de la structure de l'Odyssée pour raconter les pérégrinations de Leopold Bloom et de Stephen Dedalus dans Dublin pendant une journée.

CARTE D'IDENTITÉ D'ULYSSE

Père: le roi Laërte
Femme: la fidèle Pénélope
Fils: Télémaque
Célèbre pour: sa participation active et intelligente à la guerre de Troie et son long retour chez lui, à Ithaque
Caractéristiques: rusé, intelligent, courageux
Postérité: héros éponyme de l'*Odyssée*

ÉNÉE, LE PIEUX FONDATEUR

Énée est le fils de la déesse Aphrodite et du mortel Anchise (cf. Chapitre 4). Pendant la guerre de Troie, ce Troyen s'illustre aux côtés d'Hector.

Lorsque les Grecs mettent à sac Troie (cf. Chapitre 7), il s'échappe de la ville avec son père sur ses épaules, son fils et les Pénates, les divinités du foyer (cf. Chapitre 6). Il finira, après moult aventures et malgré la haine de Junon (Héra), par atteindre l'Italie, où il épousera la fille d'un roi et fondera une ville. On le tient d'une certaine manière pour le fondateur de Rome, avant Romulus et Rémus.

UN LONG VOYAGE

Parti de Troie avec des compagnons tous désireux de trouver une nouvelle terre, Énée comprend pendant un rêve qu'il doit se rendre très loin, vers l'ouest, en Italie, appelée Hespérie.

Au cours de ce long voyage, les Troyens tomberont sur les Harpies (cf. Chapitre 6), mais aussi sur Andromaque, la femme d'Hector. Ils échapperont également de peu aux redoutables Cyclopes et à bien d'autres dangers avant d'être jetés par une tempête sur les côtes de Carthage.

DIDON ET ÉNÉE

La reine de Carthage, veuve, tombe folle amoureuse d'Énée, traité comme s'il était le roi de Carthage. Didon espère l'épouser, mais les dieux ne l'entendent pas ainsi et rappellent au héros que son but est de fonder un nouveau royaume, non de rester à Carthage. Énée décide de leur obéir. Et, pour une fois, le pieux et sage Énée ne fait pas preuve de courage puisqu'il part en catimini.

L'ÉNÉIDE

Sous le règne d'Auguste, et afin de lui rendre gloire, le poète latin Virgile compose une épopée consacrée à l'histoire d'Énée après la prise de Troie, l'*Énéide*. Inspirée par les épopées d'Homère, l'*Iliade* et l'*Odyssée*, elle débute ainsi : « Je chante les combats du héros prédestiné qui, fuyant les rivages de Troie, aborda le premier en Italie, près de Lavinium ; longtemps, il fut malmené sur terre et sur mer par les dieux puissants, à cause de la cruelle Junon, à la rancœur tenace. »

Scarron, au XVIIe siècle, écrit une parodie burlesque de l'*Énéide* intitulée *Le Virgile travesti*, qui, elle, débute ainsi :

Je, qui chantai jadis Typhon,
D'un style qu'on trouva bouffon,
Aujourd'hui, de ce style même,
Encor qu'en mon visage blême,
Chacun ait raison de douter
Si je pourrai m'en acquitter,
Devant que la mort qui tout mine,
Me donne en proie à la vermine,
Je chante cet homme pieux,
Qui vint, chargé de tous ses dieux
Et de Monsieur son père Anchise,
Beau vieillard à la barbe grise,
Depuis la ville où les Grégeois
Occirent tant de bons bourgeois,
Jusqu'à celle où le pauvre Rème
Fut tué par son frère même,
Pour avoir, en sautant, passé
De l'autre côté d'un fossé.

Désespérée, Didon maudit Énée, prie pour que les Carthaginois et les descendants d'Énée ne s'entendent jamais, puis monte sur un bûcher où elle se poignarde avec l'épée d'Énée.

ARTS

La fin de l'histoire de Didon et d'Énée est le sujet du magnifique opéra baroque d'Henry Purcell, écrit au XVIIe siècle.

L'ARRIVÉE EN ITALIE

Énée finit par débarquer en Italie, où il rencontre la sibylle de Cumes, une prêtresse d'Apollon, qui l'emmène aux Enfers. Il tombe sur le fantôme de Didon, qui refuse ses explications et s'enfuit. Il retrouve également son père Anchise, qui lui prédit lui aussi qu'il fondera un grand peuple.
De fil en aiguille, Énée débarque dans le Latium, où il propose au roi Latinus d'épouser sa fille, Lavinia, à qui on a dit qu'elle se marierait avec un étranger. Comme cette dernière était plus ou moins destinée à un certain Turnus, Énée va devoir l'affronter, lui et ses hommes, mais il en faut bien plus pour l'intimider, et il en viendra à bout, avec l'aide du roi Évandre. Turnus et Énée s'affronteront pour leur part en combat singulier. Énée tue Turnus. L'Énéide se termine ici.

ET ROME DANS TOUT ÇA ?

Énée ne fonde pas Rome stricto sensu. En fait, le fils d'Énée, Ascagne, fondera Albe la Longue. Plus tard, le roi d'Albe Procas aura deux fils dont l'un, Amulius, obligera la fille de son frère, Rhéa Silvia, à devenir vestale afin que la lignée de son frère s'éteigne. Mais évidemment, les choses ne se passent pas comme prévu, et Rhéa est fécondée par le dieu Mars.
Quand il s'aperçoit qu'elle est enceinte, Amulius la fait enchaîner puis abandonne les jumeaux qu'elle met au monde, Romulus et Rémus, sur les bords du Tibre. C'est là qu'ils sont recueillis par une louve qui les allaite, avant d'être découverts par un berger et adoptés. Quand Faustus, ce berger, raconte à Romulus son histoire, ce dernier tue son oncle, délivre son frère Rémus qui avait été capturé et met son grand-père Numitor sur le trône d'Albe.

ROMULUS ET RÉMUS

Romulus et Rémus décident alors de fonder une ville à l'endroit où la louve les avait trouvés. Ils s'en remettent aux dieux pour savoir qui aura l'honneur de cette fondation. Rémus voit d'abord six vautours lui passer au-dessus de la tête, mais Romulus en voit bientôt douze ! La dispute est inévitable. Pour finir, Romulus tue son frère, avant de fonder sa ville d'après son nom : Rome.
CQFD.

CARTE D'IDENTITÉ D'ÉNÉE

Père : Anchise
Mère : Aphrodite
Amoureuse célèbre : la reine de Carthage Didon
Célèbre pour : être l'ancêtre de Romulus et Rémus, et avoir participé à la fondation de Rome
Caractéristiques : pieux, courageux
Postérité : héros de l'Énéide, de Virgile

CHAPITRE

6

LES PERSONNAGES SECONDAIRES LES PLUS IMPORTANTS : DIVINITÉS, HÉROS, MORTELS, MONSTRES…

Les personnages secondaires jouent parfois un rôle capital dans certaines histoires. C'est le cas de divinités comme les Muses ou Prométhée, de héros comme Bellérophon ou Narcisse, de mortels comme Midas, dont les histoires n'en finissent plus de faire rire, ou de monstres comme Méduse ou la Chimère. Leurs aventures sont souvent aussi passionnantes que celles des dieux olympiens (cf. Chapitres 1 à 4), quand ce n'est pas plus !

DIVINITÉS

Plusieurs divinités non olympiennes ne sont pas à négliger: Titans comme Prométhée, dieux ou assimilés comme les Muses ou Némésis. La postérité les a souvent immortalisées par des expressions (être la muse de, un atlas, tomber dans les bras de Morphée...).

PROMÉTHÉE

le voleur de feu

Prométhée est considéré comme un Titan (cf. Introduction). En fait, pour être exact, son père, Japet, le frère de Cronos, est un Titan. Prométhée, lui, n'est pas vraiment un Titan, et pas un dieu olympien (cf. Chapitres 1 et 2) non plus. Il n'a pas pris part à la guerre qui a opposé les Titans à Zeus (cf. Introduction). Il n'est donc pas l'ennemi de Zeus au départ, bien au contraire. De plus, ces deux-là ont en commun d'être intelligents et rusés. Mais, à la différence de Zeus, Prométhée ne gouverne pas et n'aspire pas à le faire. D'une certaine manière, il est plus proche d'un mortel intelligent, ce qui explique sans doute ses agissements.
Son histoire se déroule en cinq actes.

Acte I : les morceaux du bœuf

Au début, pendant la période de l'âge d'or, les dieux et les Hommes vivent et festoient ensemble. Mais, un jour, vient le temps de la séparation. Pour cela, Prométhée tue un bœuf dont il fait deux parts: l'une, à l'aspect repoussant, est composée des bons morceaux cachés sous la peau de la bête; l'autre, à l'aspect appétissant, est composée des os cachés sous une couche de graisse.

Zeus se fait avoir par la ruse de Prométhée. Furieux, il cache le feu dont les mortels se servaient pour cuire la viande et le blé, les obligeant à travailler. C'est la fin de l'âge d'or.

Acte II : le feu

Prométhée vient une seconde fois au secours des mortels. Il vole un peu de feu au ciel, le cache dans une branche de fenouil et le donne aux hommes.

Acte III : le châtiment

Cette fois, c'en est trop. Zeus, furieux, punit les humains en envoyant au frère de Prométhée Pandore, la première femme (cf. ci-dessous), qui laisse s'échapper sur terre tous les maux. Qu'ils se débrouillent. Quant à Prométhée, il est enchaîné à un rocher où un aigle, chaque jour, lui dévore le foie, qui se reconstitue chaque nuit.

Acte IV : l'adoucissement de la punition

Zeus fait en sorte, ou accepte, qu'Héraclès (cf. Chapitre 5) tue l'aigle d'une flèche. Désormais, Prométhée ne doit plus que porter une bague de fer sertie d'un morceau de roche.

Acte V : la délivrance

Selon une version (Apollodore), entendant les cris du Centaure Chiron, qui souffre atrocement d'une blessure causée par Héraclès, Prométhée lui propose l'abrègement de ses souffrances (la mort) en échange de l'immortalité du Centaure. Chiron accepte et Prométhée devient immortel. Cette version est un peu paradoxale puisque Prométhée, en tant que fils de Titan, est censé être immortel.

CARTE D'IDENTITÉ DE PROMÉTHÉE

Ascendance : fils de Titan
Caractéristiques : fort comme un Titan, mais, en plus, rusé
Surnom : le voleur de feu, qu'il a donné aux Hommes, ou le bienfaiteur de l'humanité
Punition éternelle : son foie est dévoré chaque jour par un aigle, et se reconstruit chaque nuit
Représentation : attaché sur un rocher ou une montagne, un aigle au-dessus de lui

NÉMÉSIS

l'instrument de la vengeance divine

Némésis est la fille de la Nuit. Elle punit tous ceux qui pèchent par orgueil, excès de pouvoir ou excès de bonheur. D'une certaine manière, elle rétablit l'équilibre. Pour la définir, rien de mieux que cette phrase de Socrate : « Connais ta condition humaine et ses limites, ne t'expose pas par démesure à la vengeance de la Némésis divine. »

On la représente parfois tenant un index devant la bouche.

Dans certaines versions, elle se change en oie pour échapper à Zeus. Mais ce dernier, malin, se transforme en jars... La déesse pond alors un œuf, qu'elle aurait confié à Léda (cf. Chapitre 3) et d'où seraient sortis Hélène et les Dioscures.

PRIAPE

le dieu membré de la Fécondité

Priape est représenté comme un petit homme barbu au sexe immense en érection. Il aurait été rejeté par sa mère, Aphrodite selon certaines versions. Le problème, c'est que Priape est gêné par son membre toujours en érection. En fait, c'est un dieu de la fertilité parfois un peu ridicule, qui enchaîne les échecs : avec les nymphes, avec les cultures qu'il est censé surveiller (c'est le protecteur des jardins, surtout des vergers), et même avec l'âne, contre lequel il aurait perdu le concours du membre le plus long !

Joyeux, il participe au cortège du dieu Dionysos (cf. Chapitre 1) et a donné son nom au priapisme, la maladie où le sexe est continuellement en érection.

THÉTIS

la mère qui voulait l'immortalité pour ses enfants

LES NÉRÉIDES

Les Néréides sont les filles de Nérée, dieu de la Mer, et de Doris, fille d'Océan. Elles sont cinquante et vivent la plupart du temps au fond de la mer, dans le palais de leur père.

Un oracle ayant prédit que le fils de la Néréide Thétis serait plus puissant que son père, les dieux se détournent de la divinité et décident de la marier à un mortel, ce qui constitue pour elle un déshonneur. Le roi Pélée se met sur les rangs, mais Thétis fait tout pour lui échapper. Elle se transforme en oiseau, en lion... mais, finalement, doit s'avouer vaincue. C'est lors de son mariage avec Pélée qu'Éris, qui n'a pas été conviée, lance la fameuse pomme d'or à l'origine de la guerre de Troie (cf. Chapitre 7).

Mal mariée, la Néréide ne cessera de vouloir l'immortalité pour ses enfants, en vain. Tous périront au cours de l'expérience, à l'exception d'Achille, qu'elle trempera dans le Styx en le tenant par le talon, qui deviendra son point faible. Cherchant à le protéger des dangers, elle le cache pour qu'il ne participe pas à la guerre de Troie, sans plus de succès. Elle tente ensuite de l'empêcher de tuer Hector, sans résultat. Achille n'est pas immortel et il mourra.
Thétis finira par quitter son mari pour se réfugier chez son père, sous la mer.

LES MUSES

ou L'art au programme

Filles de Zeus et de Mnémosyne (la Mémoire), les Muses sont neuf, nombre qui s'est peu à peu imposé (cf. Homère, Hésiode...). Ces divinités qui constituent le chœur d'Apollon ont pour rôle d'amuser les dieux, notamment lors des fêtes célébrées sur l'Olympe, et d'inspirer les artistes. Chacune a son domaine. La distribution la plus généralement admise donne les attributions suivantes : à Clio l'histoire, à Thalie la comédie, à Melpomène la tragédie, à Terpsichore la danse, à Calliope la poésie épique et l'éloquence, à Polymnie la pantomime et la poésie sacrée, à Euterpe la musique et la flûte, à Érato la poésie érotique et l'élégie, et à Uranie l'astronomie.
Leur nom – Muses – vient du fait qu'elles initient (muein) les mortels.
On en fait parfois les filles d'Ouranos et de Gaïa.

CARTE D'IDENTITÉ DES MUSES

Père : Zeus
Mère : Mnémosyne
Nombre communément admis : neuf
Noms : Clio, Thalie, Melpomène, Terpsichore, Calliope, Polymnie, Euterpe, Érato et Uranie
Rôle : inspirer les artistes
Expression associée : être la muse de quelqu'un (l'inspirer)

ATLAS

le Titan puni qui porte le ciel

Atlas est le fils d'un Titan (cf. Introduction). C'est le frère de Prométhée. Quand Zeus et ses frères et sœurs gagnent la guerre contre les Titans, Atlas est condamné à porter le ciel sur ses épaules: «Vaincu par la dure nécessité, Atlas, aux bornes de la terre, debout devant les Hespérides à la voix sonore, soutient le vaste ciel de sa tête et de ses mains infatigables. Tel est l'emploi que lui imposa le prudent Jupiter» (Hésiode, *Théogonie*). Un travail titanesque, digne d'un Titan... Cette punition, éternelle, ne s'est arrêtée qu'une fois: quand Héraclès, qui devait rapporter les pommes d'or du jardin des Hespérides (cf. Chapitre 5), lui propose de prendre sa place pendant qu'Atlas, le père des Hespérides selon certaines versions, va les cueillir. Mais, grâce à une ruse et à la bêtise d'Atlas, Héraclès réussit à lui redonner le fardeau!

CARTE D'IDENTITÉ D'ATLAS

Père célèbre: le Titan Japet
Représentation: portant le ciel sur ses épaules
Mot associé: un atlas (voir ci-dessous)

UN ATLAS

Au XVIe siècle, on prend l'habitude de faire figurer Atlas portant le globe céleste sur les recueils de cartes, qui finissent par prendre le nom du Titan: atlas.

MORPHÉE

des bras dans lesquels il fait bon tomber

Morphée est le fils ailé de Nyx, la déesse de la Nuit, et d'Hypnos, le dieu du Sommeil. Dieu des Rêves et des Songes, dès qu'il touche les humains avec une fleur de pavot, ces derniers s'endorment et plongent dans un monde de doux rêves.

CARTE D'IDENTITÉ DE MORPHÉE

Père: Hypnos
Mère: Nyx
Fonction: dieu des Rêves et des Songes
Expression associée : être dans les bras de Morphée (dormir profondément en faisant de beaux rêves)
Mot associé: morphine, le médicament administré généralement en cas de maladie grave afin d'apaiser (d'endormir) la douleur

ZÉPHYR

le vent d'ouest

Zéphyr est le vent d'ouest. Vent doux et léger, il peut aussi se mettre en colère, notamment quand il est jaloux. C'est ainsi qu'il aurait détourné le javelot lancé par Apollon pour qu'il frappe Hyacinthe, jaloux de l'affection entre le dieu et le mortel (cf. Chapitre 3).

AUTRES VENTS

Borée : vent du nord (Aquilon en latin) ; **Notos**, vent du sud ; **Euros**, vent d'est. **Éole**, lui, est le maître de tous les vents. Il apparaît dans un épisode de l'*Odyssée* (cf. Chapitre 7).

LES PARQUES

les fileuses de la vie

Les Parques (les Moires chez les Grecs) sont trois femmes qui symbolisent la destinée.

La première, parfois représentée comme une jeune fille, tient le rouet; la deuxième, parfois représentée en femme d'âge mûr, tire le fil et détermine la destinée; la troisième, parfois représentée en vieille femme, le tranche, ce qui signifie la mort. Le fil représente la durée de vie d'un être humain.
À méditer.

LARES

Pénates ou Comme on est bien chez soi

Chez les Romains, les Pénates sont les divinités de la partie de la maison où l'on met les provisions. Elles sont à l'origine de l'expression «regagner ses pénates» (rentrer chez soi).
Les Lares, eux, sont chez les Romains les esprits qui veillent d'une part aux carrefours et aux abords des maisons, et d'autre part sur la maisonnée.
Chaque propriétaire réservait à ces deux divinités un peu de nourriture, qu'il plaçait devant la place ou la statue qui leur était consacrée.

ÉNÉE

Énée (cf. Chapitre 5), quand il s'enfuit de Troie en flammes, son père Anchise sur les épaules, n'oublie pas de prendre avec lui les statues des Pénates: «Toi, père, tiens en main les objets sacrés et les Pénates de notre patrie; pour moi, qui sors à peine d'une guerre si terrible et de ce carnage, ce serait sacrilège de les toucher, avant de m'être purifié dans l'eau courante d'une rivière» (Virgile, *Éneide*, II).

Quelques « héros » ont une vie moins longue – et donc moins riche en aventures de toutes sortes – que ceux étudiés au Chapitre 5, ce qui ne les empêcha pas de connaître la célébrité et d'inspirer les artistes. C'est le cas de Narcisse et de Phaéton.

NARCISSE

l'homme amoureux de son reflet

Narcisse est le fils du dieu-fleuve Céphise et de la nymphe Liriopé. Le devin Tirésias a prédit qu'il vivrait longtemps s'il ne se voyait pas.

Très beau, Narcisse séduit les femmes comme les hommes. Le problème, c'est qu'il ne s'intéresse qu'à lui. La nymphe Écho fait ainsi les frais de son indifférence. En apprenant cela, la déesse de la Vengeance divine, Némésis, décide de le châtier.

Un jour qu'il est assoiffé, Narcisse se dirige vers une source. Se penchant dans l'eau pour boire, il aperçoit dans le reflet de l'eau un beau jeune homme qu'il n'a jamais vu. C'est alors qu'il tombe follement amoureux de lui :

Couché par terre, il contemple deux astres, ses propres yeux, et ses cheveux, dignes de Bacchus, dignes même d'Apollon, ses joues d'enfant, sa nuque d'ivoire, sa bouche parfaite et son teint rosé mêlé à une blancheur de neige. Admirant tous les détails qui le rendent admirable, sans le savoir, il se désire et, en louant, il se loue lui-même ; quand il sollicite, il est sollicité ; il embrase et brûle tout à la fois
(Ovide, *Les Métamorphoses*, III).

Ne pouvant atteindre l'objet de son amour ni s'en détacher, il dépérit. À la place de son corps se trouve une fleur de couleur blanche ou jaune : le narcisse.

Dans *L'Eau et les Rêves*, le philosophe Gaston Bachelard s'est penché sur le mythe de Narcisse : « Devant l'eau qui réfléchit son image, Narcisse sent que sa beauté continue, qu'elle n'est pas achevée, qu'il faut l'achever. »

CARTE D'IDENTITÉ DE NARCISSE

Père : dieu Céphise
Mère : nymphe Liriopé
Représentation : beau jeune homme penché sur l'eau se mirant
Expression associée : être narcissique
Postérité : la fleur le narcisse

PHAÉTON

l'imprudent conducteur

L'histoire de Phaéton, que l'on classe dans les héros en raison de l'aventure incroyable qui lui est arrivée, est merveilleusement racontée par Ovide (*Les Métamorphoses*, fin du livre I et début du livre II).

Sa mère, une mortelle, lui ayant assuré que son père est le dieu du Soleil, le jeune Phaéton « traverse et les régions éthiopiennes qui lui sont soumises, et les Indes placées sous la zone brûlante ; et bientôt il arrive à l'orient, au palais du Soleil ».

Quand le Soleil lui confirme qu'il est bien son père, ce dernier lui propose également de lui accorder la faveur qu'il souhaite. Sans réfléchir, l'impétueux Phaéton demande à conduire le char de son père. Le dieu du Soleil ne peut revenir sur sa promesse, même s'il sait que personne ne peut conduire son char, même pas le maître de l'Olympe. Il tente néanmoins de le dissuader en lui proposant autre chose. En vain. Le Soleil n'a plus qu'à s'incliner, non sans avoir au préalable essayé de prévenir son fils des dangers qu'il court :

Si du moins, dit-il, tu daignes écouter et suivre les conseils de ton père, ô mon fils, fais plus souvent usage du mors que de l'aiguillon. D'eux-mêmes mes coursiers sont rapides, mais il est difficile de modérer leur ardeur. Garde-toi de suivre la ligne droite qui coupe les cinq zones : il est un chemin tracé par une ligne oblique sur les trois zones du milieu ; il s'y termine, et ne s'étend ni vers le pôle austral, ni vers l'Ourse glacée. C'est là qu'il faut marcher ; là tu verras encore les traces de mes roues. Mais, afin que la terre et le ciel reçoivent une égale chaleur, prends garde de trop descendre, ou de trop t'élever dans les plaines de l'éther ; tu embraserais la voûte céleste, ou la terre serait consumée par les flammes.

Phaéton s'empare du char. Ivre de joie, il ne se rend pas compte que son attelage, qui a senti le changement de conducteur, a changé de direction pour n'en faire qu'à sa tête. Quand, terrifié par la course folle des destriers, il s'en aperçoit, c'est trop tard : l'univers se met à s'embraser, les chevaux bondissant au plus haut du ciel puis plongeant vers la terre.
Devant un tel cataclysme, Jupiter doit intervenir : de son foudre, il tue l'imprudent conducteur. Le char se fracasse et les chevaux meurent.

Ces mots sont écrits sur son tombeau : « Ici gît Phaéton, qui voulut conduire le char de son père. S'il échoua dans une si grande entreprise, il périt glorieusement pour avoir beaucoup osé. »
En conclusion : n'est pas Ben-Hur qui veut.

CARTE D'IDENTITÉ DE PHAÉTON

Père : Hélios, le Soleil
Représentation : conduisant le char du dieu du Soleil
Fin : tué dans sa course infernale
Mot associé : un phaéton, un cocher (terme vieilli) ou un ancien modèle de voiture découverte à quatre places

AJAX

le Grand

Ajax le Grand participe aux côtés des Grecs à la guerre contre Troie. Guerrier vaillant – le plus vaillant après Achille selon les dires – il gagne plusieurs combats singuliers et réussit à blesser Hector, qui sera tué par Achille. À la mort de ce dernier, Ulysse et Ajax revendiquent ses armes. Dans *Les Métamorphoses* d'Ovide, XIII, chacun se lance dans un long plaidoyer, et c'est finalement Ulysse qui l'emporte. Furieux, Ajax enfonce le glaive dans son sein jusque-là sans blessure. On fit de vains efforts pour arracher le fer ; le sang, jaillissant avec violence, put seul le repousser. La terre que ce sang rougit fit éclore, sur une tige verte, une fleur de pourpre pareille à celle qui naquit du sang de Hyacinthe. Les mêmes lettres tracées sur les feuilles, dans l'une expriment un nom, et dans l'autre une plainte.

BELLÉROPHON

le dompteur de Pégase et le tueur de la Chimère

L'histoire de Bellérophon étant longue et compliquée, retenons-en l'essentiel.
Ce héros, fils du roi Glaucos ou du dieu Poséidon, petit-fils de Sisyphe, réussit grâce à l'aide de la déesse Athéna à s'emparer du cheval Pégase, dont il rêvait. Pour cela, la déesse lui donne un mors et des brides magiques. Évidemment, ça aide.
Envoyé combattre la Chimère, aventure dont il ne devait pas revenir vivant, il réussit l'exploit de tuer ce monstre de ses flèches grâce à Pégase, qui lui fait éviter les flammes dégagées par la Chimère en la survolant.
Vainqueur d'une guerre contre les Amazones, Bellérophon, se croyant tout-puissant, cherche à s'élever jusqu'à l'Olympe. Sans succès. Seul Pégase y parviendra. Bellérophon, puni pour son orgueil, retombe sur terre. Selon une version, il se tue en tombant; selon une autre, plus courante, il est condamné à errer sans fin sur terre.

PÉGASE

Cheval ailé né du sang de Méduse quand elle est tuée par Persée, Pégase est principalement monté par Bellérophon. Un jour, ce dernier l'enfourche pour atteindre le ciel, mais le cheval rue et Bellérophon tombe. Cette histoire, ajoutée à la légende qui veut que Pégase, d'un coup de sabot, ait fait jaillir la source d'inspiration des poètes, l'Hippocrène, située sur la montagne des Muses, est à l'origine de l'expression « enfourcher Pégase », qui signifie se lancer dans des tirades lyriques, s'adonner à la poésie.
Pégase, lui, finira sa carrière dans les écuries de l'Olympe, premier parmi les coursiers de Zeus, qui en fera une constellation.

CARTE D'IDENTITÉ DE BELLÉROPHON

Père: un roi ou un dieu
Représentation: montant Pégase
Victoires: dompter Pégase, tuer la Chimère…

MORTELS

Les dieux aimant jouer et s'amuser avec les mortels, certains, dont les artistes se sont inspirés, ont laissé un souvenir impérissable, comme Pyrame et Thisbé, Sisyphe, quand ils n'ont pas donné lieu à des expressions, comme Tantale et son supplice, Midas et le pactole, Pandore et la boîte de Pandore.

PANDORE

l'Ève de la mythologie

Zeus décide de se venger de Prométhée, qui a donné le feu aux Hommes. Il demande à Héphaïstos (cf. Chapitre 1) de fabriquer une femme, la première femme mortelle dans la mythologie grecque. Héphaïstos la modèle dans l'argile; les autres dieux lui insufflent la vie et la comblent de charme. La belle Pandore, dont le nom signifie « qui a tous les dons », est née. Hermès, quant à lui, lui apprend le mensonge et la perfidie… L'histoire peut commencer.

Après avoir donné à Pandore une jarre, Zeus l'offre en mariage au frère de Prométhée, Épiméthée, réputé pour ne pas réfléchir. Ce dernier l'accepte et l'épouse, malgré les avertissements de Prométhée qui lui avait demandé de ne jamais accepter de cadeau venant de Zeus. Pandore est belle, mais aussi curieuse, comme Ève, la première femme dans la Bible… Un jour, ce qui devait arriver arrive: elle soulève le couvercle de la jarre. Aussitôt, tous les malheurs se répandent sur terre: souffrance, maladie, famine, mort… Heureusement, l'espérance serait restée au fond de la jarre. Dans certaines versions, elle ouvre la jarre contenant tous les maux par méchanceté et laisse l'espérance au fond, sur ordre de Zeus. Dans d'autres, elle l'ouvre par mégarde. Quoi qu'il en soit, le mal est fait.

CARTE D'IDENTITÉ DE PANDORE

Caractéristique: première femme
Représentation: ouvrant une boîte ou une jarre
« Cousine »: Ève
Expression associée: ouvrir la boîte de Pandore (déclencher une série de catastrophes)

MIDAS

le roi qui aurait dû réfléchir avant de parler

Acte I

Silène est le grand ami de Dionysos (cf. Chapitre 1). Toujours en état d'ébriété avancée, il se déplace généralement à dos d'âne, incapable de marcher.
Un jour, il se perd et ne doit son salut qu'au roi Midas, qui le ramène à Dionysos. Très heureux de retrouver son ami, Dionysos accorde à Midas ce qu'il veut. Sans réfléchir, l'avide Midas demande que tout ce qu'il touche se transforme en or. Midas retourne chez lui, ravi de voir que tout ce qu'il touche se transforme en or. Le problème arrive à l'heure du dîner : la boisson devient solide et les aliments qu'il touche sont changés en lingots d'or. Désespéré, il retourne voir Dionysos pour lui demander de l'aide. Le dieu, magnanime, lui ordonne de se laver dans le fleuve Pactole, qui, depuis, charrie des pépites d'or ! C'est de là que vient l'expression « toucher le pactole (le gros lot) ».
Cette histoire est racontée dans *Les Métamorphoses* d'Ovide, au livre XI.

Acte II

Le dieu Pan et le dieu Apollon décident un jour de « se battre à coups » de flûte et de lyre, chacun revendiquant le titre de meilleur musicien. Dans *Les Métamorphoses*, XI, Tmolus, le dieu de la montagne du même nom, est l'arbitre.
Les dieux se mettent à jouer. Tmolus désigne Apollon, mais Midas, présent, crie à l'injustice et déclare préférer Pan. Furieux, Apollon lui fait pousser des oreilles d'âne sur la tête, que le roi doit cacher sous un turban.

Dans une autre histoire, également racontée dans *Les Métamorphoses* d'Ovide, VI, le satyre Marsyas, vaincu lui aussi au combat de flûte par Apollon, est châtié par le dieu :
« Pourquoi me déchires-tu ? s'écrie Marsyas. Ah ! Je me repens de mon audace. Fallait-il qu'une flûte me coûtât si cher ! » Cependant tous ses membres sont dépouillés de la peau qui les couvre. Son corps n'est qu'une plaie. Son sang coule de toutes parts. Ses nerfs sont découverts. On voit le mouvement de ses veines ; on voit ses entrailles palpitantes, et l'œil peut compter ses fibres transparentes.

Bref, il ne fait pas bon défier Apollon.

CARTE D'IDENTITÉ DE MIDAS

Caractéristique : parle sans réfléchir
Représentation : touchant quelque chose transformé en or ou se lavant dans le Pactole ou avec des oreilles d'âne
Expression associée : toucher le pactole

SISYPHE

le condamné à une tâche sans fin

Roi de Corinthe, Sisyphe raconte au dieu-fleuve Asopos, qui a perdu sa fille Égine, qu'il a vu un aigle - Zeus? - emporter une jeune fille. Furieux, Zeus lui envoie Thanatos, la Mort, mais Sisyphe réussit à l'enchaîner ! Sacré problème, les Hommes devenant de ce fait immortels. Zeus charge donc Arès (cf. Chapitre 1) de délivrer Thanatos, qui finit par mener Sisyphe aux Enfers où il est, après plusieurs épisodes, condamné à rouler un rocher jusqu'en haut d'une montagne, d'où le rocher redescend aussi sec. Une punition sans fin, qui a inspiré à Albert Camus une de ses œuvres célèbres : *Le Mythe de Sisyphe*. Dans cet essai publié en 1942, il introduit sa philosophie de l'absurde. Au chapitre IV, il traite ainsi la légende de Sisyphe : « On a compris déjà que Sisyphe est le héros absurde. Il l'est autant par ses passions que par son tourment. Son mépris des dieux, sa haine de la mort et sa passion pour la vie lui ont valu ce supplice indicible où tout l'être s'emploie à ne rien achever. C'est le prix qu'il faut payer pour les passions de cette terre. »

CARTE D'IDENTITÉ DE SISYPHE

Représentation : poussant un rocher
Punition : pousser en haut d'une montagne un rocher qui retombe sans cesse
Postérité : *Le Mythe de Sisyphe*, d'Albert Camus

PYGMALION

l'artiste amoureux de son œuvre

Pygmalion, célibataire endurci, a sculpté une statue représentant une femme si belle qu'il en tombe amoureux :

Souvent il s'approche, ses mains palpent son œuvre, ne sachant si elle est de chair ou d'ivoire. Et il ne dit plus qu'elle est en ivoire ; il lui donne des baisers, et pense qu'elle les lui rend ; il lui parle, l'étreint, croit sentir ses doigts presser les membres qu'ils touchent et craint que les bras ainsi serrés ne soient marqués de bleus (Ovide, *Les Métamorphoses*, X).

Il demande un jour à Vénus, la déesse de l'Amour, touchée par son histoire, de lui donner une femme ressemblant à la statue. De retour chez lui, en embrassant la statue, il découvre qu'elle s'est transformée en une femme en chair et en os, dénommée plus tard Galatée (Ovide ne donne pas son nom). Pygmalion épouse alors son œuvre en présence de Vénus, qui a animé la statue. Cette belle histoire a donné l'expression « être le pygmalion de quelqu'un » (le façonner et influencer son avenir).
Pygmalion, une pièce de théâtre écrite en 1914, l'Irlandais George Bernard Shaw raconte l'histoire d'une fleuriste qui va apprendre à parler et à s'habiller comme une vraie dame grâce à un professeur.

CARTE D'IDENTITÉ DE PYGMALION

Talent : sculpteur
Œuvre : Galatée, dont il tombe amoureux, et qu'Aphrodite anime
Expression associée : être le pygmalion de quelqu'un

ARTS

Cette légende a inspiré plusieurs artistes.

- Dans le film musical *My fair Lady* de George Cukor, avec Audrey Hepburn, et la comédie musicale s'inspirent également de cette pièce et du mythe original.

CASTOR ET POLLUX

les inséparables

Castor et Pollux sont des frères jumeaux connus. Ils seraient les enfants de Léda (cf. Chapitre 3) et de Zeus ou de Tyndare, le mari de Léda, les deux s'étant unis à Léda le même jour. Selon la version la plus communément admise, Castor est mortel puisqu'il est le fils de Tyndare; Pollux immortel puisqu'il est celui de Zeus. Inséparables, ces combattants émérites prennent notamment part à la conquête de la Toison d'or et délivrent Hélène, leur sœur, enlevée par Thésée.
Quand Castor meurt, Pollux supplie Zeus de ne pas être séparé de son jumeau. Zeus finit par accepter qu'ils se partagent l'immortalité. Les inséparables formeraient la constellation des Gémeaux.

CARTE D'IDENTITÉ DE CASTOR ET POLLUX

Surnom: les Dioscures ou les Tyndarides
Père: Zeus ou le roi Tyndare
Mère: Léda
Sœur célèbre: Hélène
Caractéristique: inséparables
Postérité: constellation des Gémeaux

LA PYTHIE

ou mais qu'est-ce que tu dis ?

Assise dans le temple de Delphes sur un trépied, au-dessus d'une crevasse d'où sortent des vapeurs, la Pythie, une femme en transe, prononce des paroles incohérentes qui expriment l'avis d'Apollon. Aux prêtres de les interpréter et de donner la réponse à ceux qui viennent la consulter.

PHILÉMON ET BAUCIS

un couple récompensé pour sa générosité

Ovide, dans *Les Métamorphoses*, VIII, nous conte le cas d'un couple de pauvres vieillards, Philémon et Baucis, qui ouvrent leur porte sans le savoir à Jupiter et à Mercure, à qui l'hospitalité a été refusée partout ailleurs. Les dieux se travestissent en effet parfois en mortels pour les jauger ou pour s'amuser. Ici, ils testent leur sens de l'hospitalité, un devoir sacré.
Philémon et Baucis s'empressent de leur préparer un repas avec le meilleur du peu qu'ils ont :

Baucis, la robe retroussée, dresse d'une main tremblante la table qui chancelle sur trois pieds inégaux; des débris d'un vase elle étaie sa pente; elle l'essuie, la frotte de menthe, et sert ensuite, dans des vases d'argile, des olives, des cormes confites dans du vin mousseux, des laitues, des racines, du lait caillé, des œufs cuits sous la cendre. Elle apporte un grand vase de terre et des tasses de hêtre, qu'une cire jaune a polies.

Bizarrement, ce que mangent leurs invités ne disparaît pas, et la table est toujours garnie. Comprenant qu'ils ont affaire à des dieux, ils tentent, sans succès, ce qui fait bien rire Jupiter et Mercure, de tuer leur oie. Les dieux, en remerciement, leur annoncent qu'ils ne partageront pas le sort qu'ils réservent aux habitants inhospitaliers : être engloutis sous les eaux. Zeus exauce également leur souhait : devenir les prêtres de son temple et ne jamais être séparés :

Leurs vœux sont exaucés. La garde du temple leur fut confiée, et tant qu'ils respirèrent ils desservirent ses autels. Un jour que, courbés sous le poids des ans, ils étaient assis sur les marches du temple, et qu'ils s'entretenaient des prodiges dont ils furent témoins, Baucis voit Philémon se couvrir de feuillage; Philémon voit s'ombrager la tête de Baucis; tandis que l'écorce s'étend et les embrasse, ils se parlent, se répondent encore : « Adieu, cher époux ! Adieu, chère épouse ! » Et l'écorce monte, les couvre, et leur ferme la voix. Le pâtre de Phrygie montre encore au voyageur les deux troncs voisins qui renferment leurs corps.

CARTE D'IDENTITÉ DE PHILÉMON ET BAUCIS

Parenté : mari et femme
Caractéristiques : amoureux et généreux
Récompense de Zeus pour leur hospitalité : ne jamais être séparés

CALCHAS, TIRÉSIAS

les grands devins

Calchas et Tirésias sont deux mortels qui ont la capacité de prédire l'avenir.

Tirésias aurait obtenu ce don d'un dieu : d'Athéna qui, après l'avoir rendu aveugle pour l'avoir vue nue au bain, lui aurait octroyé le don de prédiction en compensation ; de Zeus, dans *Les Métamorphoses* d'Ovide, III, qui, après que sa femme Héra eut rendu aveugle Tirésias pour avoir dit, comme le pensait Zeus, que la femme ressentait plus profondément la volupté que le sexe masculin, lui aurait donné en échange de la lumière le don de connaître l'avenir. Tirésias est donc un devin aveugle. C'est aussi un homme ayant été femme un temps. C'est d'ailleurs pour cette raison que Zeus le choisit dans le conflit qui l'oppose à sa femme sur le plaisir masculin et féminin.

Comme devin, il révélera à Œdipe (cf. Chapitre 5) son horrible crime et conseillera Ulysse sur la meilleure manière de regagner Ithaque (cf. Chapitre 7).

Calchas est le descendant d'Apollon, dont il a hérité le don de prophétie (cf. Apollon, Chapitre 1). Habile dans l'art de prédire l'avenir selon le vol des oiseaux, c'est le devin officiel des Grecs pendant la guerre de Troie. C'est ainsi lui qui demandera le sacrifice d'Iphigénie à son père pour faire partir la flotte et qui soufflera aux Grecs l'idée du cheval de Troie.

ARTS

Les Mamelles de Tirésias sont un drame surréaliste écrit par le poète Apollinaire en 1917, librement adapté de la légende du devin aveugle, qui fut femme et homme.

PYRAME ET THISBÉ

les ancêtres de Roméo et Juliette

Comme Roméo et Juliette, Pyrame et Thisbé sont beaux et jeunes. Comme Roméo et Juliette, ils s'aiment. Comme Roméo et Juliette, leurs familles s'opposent à leur amour. Mais à la différence des amants célèbres de Shakespeare, ils habitent côte à côte, ce qui leur permet, grâce à une lézarde dans le mur qui les sépare, de se parler. Un jour, ils décident de se retrouver à l'ombre d'un mûrier. Mais quand Thisbé arrive, Pyrame n'est pas là. À la place, elle aperçoit une lionne avec du sang… Thisbé prend la fuite, mais, en s'échappant, elle perd son voile, que la lionne piétine et ensanglante. Quand Pyrame arrive, il croit que sa dulcinée est morte et se tue. Et quand Thisbé revient, elle découvre Pyrame mort aux côtés de son propre voile. Comprenant ce qui s'est passé, elle se tue également. Selon sa prière, comme le raconte Ovide dans *Les Métamorphoses*, IV, les amants reposeront dans le même tombeau.

CARTE D'IDENTITÉ DE PYRAME ET THISBÉ

Caractéristique: amants contrariés
Postérité: Roméo et Juliette

ARTS

Cette histoire a bien évidemment inspiré Shakespeare pour sa célèbre pièce *Roméo et Juliette*, mais aussi pour *Le Songe d'une nuit d'été*, où des acteurs jouent une pièce tirée de la légende de Pyrame et Thisbé, qui vire au burlesque.

TANTALE

un supplice au menu

Fils chéri de Zeus, Tantale a le privilège de pouvoir déguster le nectar et l'ambroisie réservés aux dieux et de dîner avec eux. Ces avantages durent lui monter à la tête puisqu'un jour, il sert son fils unique à manger aux dieux dans le but de montrer qu'on peut les abuser. Mal lui en prend. Furieux, les Olympiens le condamnent à rester éternellement aux Enfers, près d'un cours d'eau qui disparaît dès qu'il a soif, et près d'arbres dont les branches s'envolent dès qu'il tend la main pour attraper les fruits et assouvir sa faim. Tantale, bien qu'il ait tout à portée de main, est donc condamné à souffrir de la soif et de la faim. Selon une autre version, un rocher menace de l'écraser chaque fois qu'il s'approche du repas placé devant lui.

Dans une version différente, il est puni pour avoir volé le nectar et l'ambroisie; dans une autre, pour avoir donné des secrets des dieux aux Hommes.
La punition, elle, est toujours la même: le supplice de Tantale.

CARTE D'IDENTITÉ DE TANTALE

Père: Zeus
Faute: avoir servi son enfant à manger aux dieux et/ou avoir volé l'ambroisie et le nectar…
Punition: être entouré d'arbres, d'eau ou de mets délicieux, et ne pouvoir ni boire ni manger
Expression associée: le supplice de Tantale (impossibilité d'accéder à quelque chose pourtant à portée de main)

MONSTRES, GÉNIES, DIVINITÉS DES BOIS...

Créés ou envoyés par les dieux pour punir les mortels ou affermir les héros, les monstres, les génies et les divinités des bois hantent la mythologie gréco-romaine par leur aspect terrifiant, leur pouvoir effrayant ou leur charme, comme Méduse, les Sirènes ou la Chimère.

ÉRINYES, FURIES, HARPIES...

Dans la religion romaine, les Furies sont les divinités de la vengeance. Elles tourmentent ceux qui se sont mal comportés. Elles sont souvent représentées ailées, armées de torches et de fouets, brandissant des serpents. Bref, rien de bien réjouissant. Leur nom grec est Érinyes, les déesses de la Vengeance qui auraient jailli du sang tombé après que Cronos eut émasculé son père Ouranos (cf. Introduction).
Elles sont à l'origine de l'expression «se comporter comme une furie».

Mégère est une des trois Érinyes. Réputée méchante et tortionnaire, elle a donné le nom commun «mégère».

ARTS

Shakespeare a écrit la comédie *La Mégère apprivoisée*, adaptée plusieurs fois au cinéma. Le film le plus connu est sans doute celui de Franco Zeffirelli, de 1967, où Elizabeth Taylor joue le rôle de la mégère. Belle mégère!

Les Harpies sont des monstres à tête de femme et au corps d'oiseau, laissant derrière elles une odeur nauséabonde. Aussi rapides que le vent, elles s'emparent des morts et des enfants qu'elles emportent aux Enfers. Les dieux s'en servent également pour tourmenter les mortels. Elles sont à l'origine de l'expression «être une vraie harpie».

MÊME COMBAT

Furie, harpie, mégère: ces noms sont aujourd'hui pratiquement synonymes.

LA CHIMÈRE

un monstre brûlé à mort

Chez Homère, la Chimère a une tête de lion, un corps de chèvre, une queue de dragon. Chez Hésiode, elle a trois têtes (lion, serpent, chèvre), et son corps tient de ces trois animaux. Quoi qu'il en soit, ce monstre, qui crache des flammes et dévore tout ce qui passe devant lui, a de quoi effrayer.
Elle sera tuée par Bellérophon, qui la percera de flèches plombées. Le métal fondit avec les flammes que la Chimère émettait, ce qui fit qu'elle fut en quelque sorte « brûlée à mort ».

CARTE D'IDENTITÉ DE LA CHIMÈRE

Représentation: un monstre qui tient de la chèvre, du lion et du dragon
Meurtrier: Bellérophon
Nom et adjectif associés: une chimère (une vaine imagination), des projets chimériques (imaginaires). Ces deux mots viennent sans doute de la forme bizarre de la Chimère, comme sortie d'un rêve étrange

LES CYCLOPES

les monstres à un œil

Il convient de distinguer les trois Cyclopes ouraniens à un œil (cf. Introduction), forgeant la foudre pour Zeus qui les a délivrés du Tartare où Cronos les avait jetés, des Cyclopes décrits notamment par Homère, des géants barbares à un œil élevant des troupeaux et ne rechignant pas à se repaître des humains qui s'aventurent sur leur territoire. Voyons plutôt.

POLYPHÈME ET ULYSSE

Dans l'*Odyssée*, Ulysse accoste près d'une caverne. Partant l'explorer avec ses compagnons, il découvre un endroit habité. Le propriétaire se révèle être le Cyclope Polyphème. Furieux, ce hideux personnage, qui n'a que faire de leur histoire et se moque du sens de l'hospitalité, se met à les dévorer l'un après l'autre.

Heureusement, Ulysse réussit à l'enivrer puis à lui enfoncer un pieu brûlant dans son unique œil. Aveuglé, Polyphème appelle à l'aide les autres Cyclopes, qui lui demandent qui lui veut du mal. « Personne », répond le Cyclope, donnant le « nom » (Outis) dont Ulysse, malin, a prétendu s'appeler. Du coup, les autres Cyclopes se mettent à rire et s'en vont. Le Cyclope se place à l'entrée de la caverne pour attraper Ulysse et ses hommes quand ils tenteront de sortir. Mais Ulysse, jamais à court de ruses, fait sortir ses hommes après les avoir attachés au ventre des béliers du troupeau de Polyphème, qui, bien que tâtant chaque bélier qui sort, ne s'en aperçoit pas. Hélas pour lui, enivré par sa victoire, Ulysse nargue le Cyclope avant de reprendre la mer et lui révèle son nom. Cela lui vaudra, à la demande de Polyphème, la haine éternelle de Poséidon, le père du Cyclope, qui déchaînera tempête sur tempête pour empêcher Ulysse de rejoindre Ithaque.

LES GORGONES

les trois sœurs à faire peur

Les Gorgones sont trois monstres féminins pourvus d'ailes, de dents très longues et d'une chevelure hérissée de serpents. Celui qui les regarde est aussitôt transformé en pierre !

Elles s'appellent Méduse, Sthéno et Euryale. Seule Méduse est mortelle. Elle sera tuée par Persée (cf. Chapitre 5). De son sang naîtra le cheval ailé Pégase.

CARTE D'IDENTITÉ DE MÉDUSE

Sœurs: Sthéno et Euryale, les deux autres Gorgones
Représentation: monstre à la chevelure mêlée de serpents
Particularité: pétrifie qui la regarde
Meurtrier: Persée
Expression associée: être médusé (être stupéfait)
Mot associé: la méduse, dont les tentacules rappellent les cheveux de serpent de Méduse

FAUNES, SATYRES, NYMPHES…

les gentils et les méchants de la nature

Les nymphes sont les divinités féminines de la nature. Filles de Zeus selon certaines versions, elles vivent dans les montagnes, les sources, les grottes.

ÉCHO, O, O

La nymphe Écho, à la demande de Zeus, se charge dans certaines versions de « saouler » Héra de bavardages afin que cette dernière ne s'aperçoive pas que son divin époux est parti la tromper. Quand elle découvre la supercherie, Héra, furieuse, punit Écho d'une horrible façon : la nymphe est condamnée à répéter ce qui lui est dit. « Tu auras toujours le dernier mot, mais jamais tu ne parleras la première », lui assène la déesse.
Selon une version, la nymphe, tombée amoureuse de Narcisse, qui la dédaigne, se retire inconsolable dans une grotte, où elle maigrit tellement que seul un filet de sa voix subsiste.

Généralement très belles et très gentilles, les nymphes suscitent souvent le désir des dieux (cf. Daphné, Syrinx, Chapitre 3). Elles sont le plus souvent représentées nues ou très légèrement vêtues. Parmi elles, Écho, à l'histoire singulière.

Dans la mythologie grecque, les satyres sont des divinités des bois et des montagnes parfois assimilées aux silènes, notamment dans l'iconographie. Ils ont une forme humaine, mais aussi des cornes, des oreilles pointues, parfois une queue-de-cheval et des sabots de bouc. Bien qu'ils soient plutôt repoussants, ils passent leur temps à assouvir leurs besoins sexuels et n'hésitent pas à courir derrière les jolies nymphes en espérant les séduire ! L'espoir fait vivre. Ils ont donné le terme « satyre », qui désigne aussi aujourd'hui un homme au comportement sexuel totalement incorrect.

Les faunes sont l'équivalent latin des satyres grecs. On les représente également souvent avec un torse humain, de petites cornes, des oreilles pointues et des sabots de bouc.

ARTS

• Le poète du XIXe siècle Mallarmé a écrit *L'Après-midi d'un faune*, mis en musique par Debussy et chorégraphié par Nijinski. Ce poème en alexandrins est constitué du monologue d'un faune évoquant la nature qui l'entoure et les jolies nymphes qu'il croise.
• Victor Hugo, au XIXe siècle, a pour sa part consacré toute une section sur le satyre dans *La Légende des siècles*, dans laquelle on peut lire :

Un satyre habitait l'Olympe, retiré
Dans le grand bois sauvage au pied du mont sacré ;
Il vivait là, chassant, rêvant, parmi les branches ;
Nuit et jour, poursuivant les vagues formes blanches.
Il tenait à l'affût les douze ou quinze sens
Qu'un faune peut braquer sur les plaisirs passants.

LES SIRÈNES

ou Mieux vaut se boucher les oreilles

Quand la guerre de Troie est terminée, Ulysse prend la mer pour rentrer chez lui, à Ithaque (cf. Chapitre 7).
Un jour, son bateau arrive près d'une côte où vivent les Sirènes, qui ensorcellent les marins par leur chant merveilleux. En effet, ces derniers, pour mieux les entendre, s'approchent des côtes et se fracassent contre les écueils. Heureusement, Circé (cf. Chapitre 7) a prévenu Ulysse du danger. Prévoyant, il bouche avec de la cire les oreilles de ses compagnons pour qu'ils n'entendent pas les Sirènes. Quant à lui, il se fait attacher au mât du navire pour les écouter sans danger. Ainsi, il ne risque rien. Sacré Ulysse !

ASPECT DES SIRÈNES

Les Sirènes sont d'abord des êtres monstrueux, mi-femmes mi-oiseaux, qui vivent sur les rochers, pas dans l'eau. C'est plus tard qu'elles ont parfois une queue de poisson, empruntant l'aspect physique de la Tritone. Les deux formes cohabitent assez longtemps dans l'iconographie.

LES CENTAURES

des brutes mi-hommes mi-chevaux

Les Centaures sont des créatures sauvages mi-hommes mi-chevaux. Chiron, l'un d'eux, est réputé pour sa sagesse et ses talents. Il sera le précepteur d'Achille. C'est un Centaure immortel. Pourtant, blessé accidentellement, il choisit de mourir plutôt que de vivre éternellement en souffrant.

CHAPITRE

7

LA GUERRE DE TROIE OU TOUT LE MONDE EN SCÈNE !

La guerre de Troie et le retour d'Ulysse dans sa patrie permettent de voir à l'œuvre la plupart des personnages étudiés précédemment : les dieux, qui vont prendre parti pour tel ou tel camp, les héros, comme Achille, Ulysse, Hector, de simples mortelles telles Pénélope, la belle Hélène… et pas mal de monstres, parmi lesquels les Cyclopes, les Harpies, les Sirènes…

ORIGINE : ENCORE UNE HISTOIRE DE POMME

Il n'est pas ici question de tout raconter en détail, mais seulement de donner les grandes lignes qui permettent de comprendre les expressions issues de cette guerre (une pomme de discorde...), de déchiffrer les tableaux ou les sculptures qui en sont inspirés et de saisir dans les textes les allusions qui y sont faites (« Heureux qui comme Ulysse... »). Et d'ailleurs, en parlant de littérature, bien que Jean Giraudoux ait écrit *La guerre de Troie n'aura pas lieu*, qui se sert du mythe pour parler de la Seconde Guerre mondiale qui s'avance inexorablement, la guerre de Troie a bien eu lieu, et elle a été meurtrière... Elle opposa les Achéens et les Troyens.

À LA PLUS BELLE

En ce jour festif, mais qui va aussi se révéler funeste, les dieux assistent à un mariage, celui de la Néréide Thétis et du roi Pélée. Éris, la Discorde (cf. Chapitre 2), qui crée des problèmes partout où elle passe, n'a pas été invitée. Furieuse, elle jette dans la salle une pomme d'or sur laquelle est écrit : « à la plus belle ». Les trois déesses Héra, Athéna et Aphrodite sont aussitôt sur le point d'en venir aux mains, prétendant chacune que la pomme est pour elle. Zeus, refusant de trancher pour ne pas se mettre deux déesses à dos, demande à un jeune berger, Pâris, de choisir.

LE JUGEMENT DE PÂRIS

Les trois déesses se présentent nues devant Pâris. Pour être choisie, chacune promet quelque chose au jeune homme : Héra un grand royaume, Athéna les victoires militaires et la sagesse, Aphrodite l'amour de la plus belle femme du monde, Hélène de Sparte, mariée au roi Ménélas. Sans surprise, Pâris tend la pomme d'or à Aphrodite.

Quelque temps plus tard, Pâris enlève, en l'absence de son mari, Hélène, qu'il ramène, convaincue par Aphrodite de suivre le jeune homme, chez son père à Troie, avec qui plus est les trésors.

PÂRIS

Pâris est le fils du roi Priam et d'Hécube. Un oracle, à la suite d'un rêve d'Hécube, ayant prédit qu'il causerait la destruction de Troie par le feu, Priam confie l'enfant à un berger pour qu'il l'abandonne sur les flancs d'une montagne. Mais rien ne se passe comme prévu, et une ourse le nourrit avant que le berger qui garde les troupeaux du roi sur le mont Ida ne le recueille et ne l'adopte (Apollodore, *Bibliothèque*, III, 12, 5). Quelques années plus tard, Pâris participe à des jeux sportifs en compagnie des fils de Priam et, à la surprise générale, le jeune berger remporte toutes les épreuves. De fil en aiguille, notamment grâce aux langes dont il était revêtu enfant, il est reconnu par ses parents et réintègre la famille royale. Il en est là quand Zeus lui demande d'arbitrer le conflit entre les trois déesses. Il n'est plus un simple berger, mais a gardé de son enfance le goût de surveiller les troupeaux.

LA BELLE HÉLÈNE

Hélène serait la fille de Zeus et de Léda (cf. Chapitre 3). Le maître de l'Olympe aurait en effet passé une nuit avec la mortelle Léda en prenant la forme d'un cygne, le même jour où elle se serait unie à son mari, le roi Tyndare. Résultat : elle aurait accouché de quatre enfants : deux fils – les Dioscures (cf. Chapitre 6) – et deux filles – Hélène et Clytemnestre. Bien malin qui saurait dire qui est l'enfant de qui, même si on a coutume de penser qu'Hélène est la fille de Zeus et Pollux son fils, et les deux autres les enfants de Tyndare.
Hélène, fille de dieu, est donc belle, très belle, et tous les hommes veulent l'épouser. Le roi Tyndare est bien ennuyé : comment ne faire ni jaloux ni remous ? Le rusé Ulysse lui suggère alors de faire prêter serment à tous les prétendants de sa fille : quel que soit le mari d'Hélène, ils s'engagent à lui venir en aide si besoin est.
Hélène choisit d'épouser Ménélas, le roi de Sparte.

LA POMME D'ÉRIS

La pomme d'Éris, qui a donné l'expression « la pomme de discorde » (un sujet de dispute), est à l'origine de la guerre de Troie, qui durera dix ans. Comme dans la Bible, elle provoque le chaos, même si, dans la Genèse, il s'agit en fait d'un fruit à pépins, traduit en latin par *pomum*, qui a donné pomme, sans que l'on soit certain que le fruit défendu ait bien été une pomme.

DIX ANNÉES DE COMBATS ACHARNÉS

La guerre de Troie aurait duré dix ans. Dix années de combats acharnés, dont neuf sans que la victoire se dessine clairement...

LE SERMENT DES PRÉTENDANTS

Quand il apprend l'enlèvement de sa femme, le roi Ménélas appelle toute la Grèce à l'aide. Les anciens prétendants d'Hélène, liés par un serment, n'ont pas d'autre choix que de lui prêter assistance.
Tout d'abord, on tente un arrangement à l'amiable en envoyant Ménélas et Ulysse réclamer Hélène, mais devant l'échec de cette ambassade, on se résout à la guerre.

LE CHOIX DES DIEUX

Dans cette guerre, les dieux vont prendre parti et s'affronter. C'est d'ailleurs ce qui occasionne de nombreux rebondissements et explique en partie la durée de la guerre.

- Aphrodite, bien sûr, défend Pâris, qui lui a tendu la pomme. Héra et Athéna, quant à elles, ce qui est logique, le détestent et prennent fait et cause pour les Grecs.
- Arès, en amant passionné d'Aphrodite, la suit. Il protège donc les Troyens.
- Les jumeaux Apollon et Artémis soutiennent Hector et les Troyens.
- Poséidon, que les Troyens déçoivent quand il les aide à construire leurs murailles, choisit d'aider les Grecs.
- Zeus est censé rester neutre.

ULYSSE ET ACHILLE DÉMASQUÉS

Ulysse n'est guère partant. Pour échapper à la guerre, il simule la folie, mais un messager du roi met son fils Télémaque en danger. Résultat: Ulysse se précipite pour le sauver, montrant qu'il a toute sa tête. Démasqué, il se décide à partir à la guerre. Pour plus de détails sur Ulysse, direction le Chapitre 5.
Achille, lui, est caché par ses parents, vêtu en fille, dans un gynécée. Ulysse, déguisé en marchand ambulant, s'y rend avec force colifichets et armes. Achille dédaigne les colifichets, mais se précipite sur les armes. Démasqué à son tour, Achille part guerroyer. Pour plus de détails sur Achille, direction le Chapitre 5 également.

LE DÉPART DE LA FLOTTE

Les Grecs se préparent à appareiller. Les navires, rassemblés à Aulis, sont prêts, mais le vent est défavorable. Le temps passe et les Grecs s'impatientent. Le devin Calchas (cf. Chapitre 6) finit par révéler que seul le sacrifice d'une vierge royale, Iphigénie, la fille d'Agamemnon, frère de Ménélas, calmera la déesse Artémis - irritée parce qu'on avait tué un lièvre - et calmera le vent. Agamemnon finit par céder. Dans certains textes, la déesse Artémis remplace au dernier moment Iphigénie par une biche.
Quoi qu'il en soit, les milliers de vaisseaux peuvent enfin prendre la mer en direction de Troie, protégée par ses épaisses murailles.

NEUF ANNÉES INCERTAINES

Pendant neuf longues années, aucun camp ne semble réussir à prendre l'avantage. Chacun a ses champions : Hector, le fils de Priam, et Énée, celui d'Aphrodite, pour les Troyens ; Achille, Ajax, Diomède et Ulysse pour les Grecs.

STENTOR

Stentor est un guerrier grec réputé pour sa voix, aussi forte que celle de cinquante hommes réunis. La déesse Héra prend son apparence dans l'*Iliade* pour galvaniser les troupes grecques.
Il a donné l'expression « avoir une voix de stentor » (une voix très forte).

LA COLÈRE D'ACHILLE

Mais, un jour, Agamemnon reçoit en butin la fille du prêtre d'Apollon, qu'il refuse de rendre à son père. Ce dernier s'en plaint à Apollon, qui envoie la peste dans le camp grec. Le devin Calchas déclare que, pour éradiquer la maladie, la fille doit être rendue à son père. Agamemnon finit par accepter, mais, en échange, il ravit Briséis, offerte en butin à Achille. Furieux, ce dernier cesse de se battre. C'est là que commence l'*Iliade*, l'épopée d'Homère (cf. Introduction).

L'ÉPITHÈTE HOMÉRIQUE

On appelle épithète homérique un mot ou un groupe de mots complétant un nom (de héros, de dieu…). Cette épithète peut être un simple adjectif, comme « le divin Hector », commencer par une préposition, comme « Ulysse aux mille ruses », « Athéna aux yeux pers », ou être apposée au nom, comme « Hermès, le messager des dieux ». L'épithète homérique, fréquente dans l'*Iliade* et l'Odyssée d'Homère, caractérise la chose ou la personne en mettant en avant un trait de sa personnalité ou de son physique.

Sans Achille, les défaites se mettent à pleuvoir dans le camp grec. Hector, le champion troyen (cf. Chapitre 5), conduit de main de maître l'armée troyenne et semble invincible. Les Grecs envoient des ambassades à Achille pour qu'il reprenne le combat, mais ce dernier continue de bouder.
C'est alors que Patrocle, l'ami de cœur d'Achille, demande à ce dernier de lui prêter son armure. Ainsi, les Troyens croiront qu'Achille est de retour et auront peur. Achille accepte, mais Patrocle est tué par Hector, qui revêt juste après l'armure de son adversaire le plus acharné.
Quand il apprend cela, Achille, fou de douleur, décide de reprendre les armes. Vêtu d'une armure forgée par le dieu Héphaïstos, il retourne au combat, cherchant partout Hector. Quand, épaulé d'Athéna, il le trouve, Hector est seul. Apollon l'a abandonné à son destin. Face à Athéna et à Achille, Hector n'est pas de taille et meurt. Achille, pas satisfait pour autant, traîne le corps de sa victime derrière son char, autour des murs de Troie, et refuse de rendre le mort à sa famille. Cet outrage n'est pas du goût des dieux, surtout de Zeus. Finalement, le vieux Priam, au prix de suppliques et de cadeaux, réussit à fléchir Achille, qui rend la dépouille d'Hector

à sa famille. Hector peut enfin avoir droit à des funérailles dignes de ce nom. C'est sur ces funérailles que se termine l'*Iliade*.
Achille, comme il était écrit, meurt peu de temps après Hector, touché au talon, seul endroit vulnérable de son corps, par une flèche envoyée par Pâris, guidé par Apollon. Ses armes, sujet de dispute entre Ulysse et Ajax, reviennent finalement à Ulysse, au grand désespoir d'Ajax, qui se tue.

LA CHUTE DE TROIE

Les Grecs font le siège de la ville de Troie pendant longtemps sans parvenir à entrer dans la ville, protégée par d'épaisses murailles. Ayant appris qu'une statue d'Athéna protège Troie et que, tant qu'elle sera dans la ville, cette dernière ne pourra être prise, Diomède et Ulysse s'introduisent dans la ville et subtilisent la statue. On en est là quand, un matin, les Troyens découvrent que les Grecs ont disparu. Seul reste un immense cheval de bois et un homme qui prétend s'être échappé du camp ennemi. Le cheval serait une offrande des Grecs à Athéna. Malgré la méfiance de certains, les Troyens font entrer le cheval dans la ville, pensant s'attirer les bonnes grâces de la déesse. Mal leur en prend. Des Grecs sont en effet cachés dans le cheval. La nuit, les Grecs sortent du cheval de bois puis ouvrent les portes de la ville pour que le reste de l'armée grecque, caché, entre dans la ville et l'incendie. Troie est détruite. C'est de ce célèbre cheval de bois que vient l'expression « un cheval de Troie » (une ruse, un piège).
Cet épisode est notamment raconté dans l'*Énéide* de Virgile, au livre II.

DIX ANS DE GALÈRE

La guerre ne s'arrête pas brutalement avec la chute de Troie, pillée et incendiée par les Grecs, qui ont perdu toute retenue, et vont le payer. Le retour des guerriers grecs chez eux et le destin des prisonnières troyennes constituent l'autre versant de la guerre. Il n'est que de voir ce qui arrive à Agamemnon, tué par l'amant de sa femme Clytemnestre quand il rentre chez lui, ou le sort réservé aux princesses troyennes, devenues captives des Grecs, comme Andromaque ou Cassandre. Ulysse, qui mettra dix ans à retrouver Ithaque, symbolise le plus le difficile retour dans ses pénates. C'est bien évidemment le titre de l'épopée d'Homère, l'*Odyssée*, racontant le long voyage d'Ulysse (*Odysseus* en grec) pour regagner sa patrie, qui a donné naissance au terme « odyssée », employé pour parler d'un voyage mouvementé, à l'image de celui d'Ulysse. Nous nous contenterons ici de résumer les principales péripéties d'Ulysse, merveilleusement racontées dans leur totalité dans l'*Odyssée* d'Homère.

Après la chute de Troie, les Grecs ne sont pas d'accord : certains veulent rentrer tout de suite chez eux, d'autres attendre afin de remercier la déesse Athéna de son aide. Ulysse, lui, choisit de partir sans tarder pour Ithaque. Mais, rapidement, il va être séparé des autres Grecs à cause d'une tempête. Le voici seul avec sa flotte. Ithaque n'est cependant pas loin et tout devrait aller très vite... Du moins le croit-il.

ARTS

Le plus célèbre poème qui fait référence à l'*Odyssée* d'Homère est sans conteste le sonnet écrit au XVIe siècle par Du Bellay qui, en séjour à Rome, regrette sa Touraine natale :

Heureux qui, comme Ulysse,
a fait un beau voyage,
Ou comme cestuy-là
qui conquit la toison,
Et puis est retourné,
plein d'usage et raison,
Vivre entre ses parents le reste
de son âge !

Quand reverrai-je, hélas,
de mon petit village
Fumer la cheminée,
et en quelle saison
Reverrai-je le clos de
ma pauvre maison,
Qui m'est une province,
et beaucoup davantage ?

Plus me plaît le séjour
qu'ont bâti mes aïeux
Que des palais romains
le front audacieux ;
Plus que le marbre dur
me plaît l'ardoise fine,

Plus mon Loire gaulois
que le Tibre latin,
Plus mon petit Liré que
le mont Palatin,
Et plus que l'air marin
la douceur angevine.

LE CYCLOPE POLYPHÈME

Reprenons cet épisode, déjà en grande partie raconté au Chapitre 6 (cf. Cyclope).
Un jour, Ulysse, après avoir abrité son bateau dans une crique, part explorer une caverne avec douze de ses hommes. L'endroit est de toute évidence habité. Affamés, les hommes d'Ulysse souhaitent s'emparer du fromage suspendu à l'intérieur avant de repartir, mais c'est compter sans la curiosité d'Ulysse, qui veut savoir qui est le propriétaire. Mal lui en prend puisqu'il s'agit du Cyclope Polyphème, qui, furieux de cette intrusion et se moquant totalement de ce qui est auparavant arrivé à Ulysse et ses compagnons, se met à les dévorer deux par deux. Tout juste accepte-t-il de manger Ulysse en dernier.
Un soir, Ulysse réussit à l'enivrer avec du vin reçu préalablement d'un prêtre d'Apollon, une sorte de nectar divin, en fait. Avec l'aide de ses compagnons encore en vie, il taille en pointe un pieu, le fait rougir au feu et l'enfonce dans l'unique œil du Cyclope endormi. Polyphème, désormais aveugle, se réveille en hurlant. Il appelle à l'aide les autres Cyclopes, qui lui demandent qui lui a fait du mal. « Personne », ne peut-il que répondre, donnant le « nom » (Outis) qu'Ulysse lui a donné quand il lui a demandé son nom. Les autres Cyclopes, à cette réponse, se mettent à rire et s'en vont.
Le Cyclope se poste à l'entrée de la caverne pour attraper Ulysse et ses hommes à leur sortie. Mais le rusé Ulysse comprend que le seul moyen de sortir est d'attacher ses hommes et lui-même au ventre des béliers du troupeau de Polyphème. Ce dernier, bien que tâtant le dos de chaque bélier qui sort, ne s'aperçoit pas que les hommes sont au-dessous ! Tout le monde réussit à sortir. C'est là qu'Ulysse commet une regrettable erreur, qui va allonger considérablement la durée de son voyage : enivré par sa victoire, il donne son véritable nom au Cyclope avant de partir. Aussitôt, ce dernier se tourne vers son père, le dieu Poséidon, pour lui demander que ce fameux Ulysse connaisse mille tourments. Ce que fera Poséidon, déchaînant à partir de là tempête sur tempête pour qu'Ulysse peine à rejoindre Ithaque. Athéna, qui soutient Ulysse, devra attendre pour lui venir en aide.

L'OUTRE À VENTS

Peu de temps après, le bateau d'Ulysse accoste sur l'île d'Éole, le maître des Vents, qui accueille le héros comme il se doit. Tout disposé à lui venir en aide, il lui remet une outre dans laquelle il a enfermé tous les vents qui pourraient l'empêcher de rejoindre Ithaque. Il demande à Ulysse de ne pas ouvrir l'outre, mais les compagnons de ce dernier, profitant quelque temps plus tard du sommeil d'Ulysse, tout heureux de voir Ithaque se profiler à l'horizon, ouvrent le sac. Les vents s'échappent, les flots se déchaînent et le bateau se retrouve chez Éole, qui, cette fois, refuse d'aider Ulysse.

LA MAGICIENNE CIRCÉ

Plus tard, Ulysse et ses compagnons parviennent dans une île où vit la magicienne Circé. Ulysse envoie ses hommes en éclaireurs, que la belle magicienne, comme à son habitude, transforme aussitôt en porcs en leur faisant boire un philtre.
Ulysse, malgré l'avertissement de l'un des éclaireurs qui a échappé à la métamorphose, se dirige seul vers l'intérieur de l'île, quand le dieu Hermès l'avertit de ce qui l'attend. Pour éviter qu'il ne soit lui aussi transformé en pourceau, le dieu lui fait boire un contrepoison. Ainsi protégé des pouvoirs de Circé, Ulysse se rend chez elle. Quand elle s'aperçoit que ses pouvoirs ne sont pas efficaces sur Ulysse, Circé change d'attitude, accueille chaleureusement le héros, avec lequel elle va avoir une aventure, et redonne forme humaine à ceux qu'elle avait transformés en porcs.

DE CHARYBDE EN SCYLLA

Circé a également parlé à Ulysse de deux autres dangers, deux monstres marins situés de part et d'autre d'un détroit : Charybde et Scylla. Pour éviter Charybde, un gouffre qui entraîne les marins au fond, Ulysse s'approche de Scylla, qui dévore plusieurs de ses compagnons. Ces deux monstres ont donné l'expression « tomber de Charybde en Scylla », qui signifie passer d'une situation difficile à une situation encore plus difficile.

LES DANGEREUSES SIRÈNES

Avant qu'il ne reparte, Circé a prévenu Ulysse des dangers qui l'attendent, parmi lesquels les Sirènes, des femmes-oiseaux qui ensorcellent les marins par leur chant. Voulant les entendre plus distinctement, ces derniers approchent leurs bateaux trop près des côtes, et les embarcations se fracassent sur les écueils.

Ulysse bouche donc avec de la cire les oreilles de ses compagnons pour qu'ils n'entendent pas les Sirènes. Mais pour pouvoir écouter ces dernières sans risquer de succomber à leur charme, il se fait quant à lui attacher au mât du navire. Bien lui en prend puisque, à l'écoute de leur chant, il essaie de rompre les liens qui l'attachent pour les rejoindre.

LA SÉDUISANTE CALYPSO

Pour avoir, par manque de vigilance, laissé ses marins manger les bœufs sacrés du troupeau du Soleil, Ulysse est une nouvelle fois ballotté sur la mer. Épuisé et seul après la mort de ses marins, il échoue finalement sur l'île de la nymphe Calypso, qui le recueille et tombe follement amoureuse de lui. Tellement amoureuse qu'elle va le retenir des années... Pourtant, malgré l'aspect paradisiaque de l'île et l'amour de la séduisante nymphe, Ulysse ne peut oublier Ithaque, sa femme Pénélope et son fils...

Telle est la situation quand Athéna profite d'un voyage de Poséidon pour avertir les dieux qu'il est temps qu'Ulysse rentre chez lui. Zeus, d'accord avec elle, décide d'envoyer Hermès prévenir Calypso qu'elle doit relâcher le héros.

LES AVENTURES DE TÉLÉMAQUE

À l'instigation d'Athéna, qui se présente à lui sous la forme d'un homme, Télémaque, que son père a quitté alors qu'il était tout petit, entreprend un voyage sur les traces d'Ulysse. Il finit par rencontrer Ménélas, qui lui apprendra que son père est retenu sur une île. Après avoir montré Ulysse se morfondant sur l'île de Calypso, c'est d'ailleurs par le voyage de Télémaque que commence l'*Odyssée*. Suit le récit d'Ulysse racontant son histoire chez Alcinoos, qui l'a recueilli. L'*Odyssée* se termine par la vengeance d'Ulysse revenu à Ithaque.

ET PENDANT CE TEMPS, QUE FAIT PÉNÉLOPE, L'ÉPOUSE D'ULYSSE ?

Pénélope attend fidèlement le retour de son mari. Mais les princes des environs, persuadés qu'Ulysse est mort et désireux de s'approprier ses richesses, la pressent de se remarier. Pénélope finit par céder, à une condition. Avant de choisir celui qui aura l'honneur de devenir son époux, elle exige de finir de tisser une toile, le linceul prévu pour le père d'Ulysse, le vieux Laërte. Les prétendants acceptent, sans savoir qu'elle défait la nuit le travail réalisé le jour. La toile n'avance donc pas. Pendant pas mal de temps, son stratagème fonctionne. Mais un jour, une servante vend la mèche. Heureusement pour Pénélope, c'est à ce moment-là que...

LE RETOUR D'ULYSSE

Hermès a donc ordonné à Calypso, qui obéit de mauvaise grâce, de relâcher Ulysse. Après pas mal de déboires dus à Poséidon, le héros se retrouve sur la grève d'Ithaque. Athéna le transforme en vieux mendiant pour qu'il ne soit pas reconnu et qu'il soit plus à même de vaincre les prétendants. Ulysse s'éloigne. Pendant ce temps, Athéna fait revenir Télémaque à Ithaque.

Après s'être fait reconnaître de son fils, Ulysse est reconnu, sous son déguisement de mendiant, par son vieux chien, qui meurt juste après, puis par sa nourrice, grâce à une cicatrice qu'il a depuis l'enfance. Pénélope, elle, ne se doute de rien. Elle vient de proposer aux prétendants de bander l'arc de son mari. Celui qui réussira deviendra son époux.

Pendant qu'Ulysse fait fermer les portes, les prétendants échouent les uns après les autres. Ulysse n'a plus qu'à bander son arc, à tuer tous les prétendants, puis à retrouver sa femme.

Happy end, après vingt ans d'absence...

INDEX

7/9, rue Saint-Germain l'Auxerrois - 75001 Paris

Direction de publication : Didier Ballot
Direction éditoriale : Marie Roussos
Responsable éditoriale : Séverine Pedan
Édition : Kelian Fageon
Correction : Géraldine Coullaud-Boudy
Création graphique et mise en pages : Hermine Blanquart
Illustrations : © Shutterstock, © Wikipédia
Suivi de fabrication : Mazarine Networks

ISBN : 978-2-38355-614-5
Dépôt légal : mai 2024
Achevé d'imprimer en avril 2024 en Pologne par Mazarine Networks